Áreas de oportunidad en el Sistema Nacional Anticorrupción

Arturo Arango Bustamante

CADUCEUS

ÁREAS DE OPORTUNIDAD EN EL SISTEMA NACIONAL ANTICORRUPCIÓN

Editado por: Corporación Ígneo, S.A.C.
para su sello editorial Caduceus
José Olaya 169, Ofic. 504, Miraflores. Lima, Perú
Primera edición, enero, 2026

ISBN: 978-956-424-074-9

Se terminó de imprimir en enero de 2026 en:
ENOTRIA S.A.
Av. Nicolás Ayllón 2890. Ate, Lima – Perú

www.grupoigneo.com
Correo electrónico: contacto@grupoigneo.com | Teléfono: +51 955 071 270
Facebook: Grupo Ígneo | X: @editorialigneo | Instagram: @grupoigneo

Contenido

Para Chris, Matteo, Alonso y Thiago.
Ojalá sus ojos alcancen a ver un país más justo
y próspero del que pude ver.
Para mi esposa, Cristian:
la mujer que siempre me ha apoyado y
nunca soltó mi mano.

Áreas de oportunidad en el Sistema Nacional Anticorrupción

Las áreas de oportunidad son procesos, situaciones o aspectos que pueden mejorarse para alcanzar un mejor desempeño, resultado o crecimiento. En el presente trabajo se exponen puntos débiles, carencias o aspectos perfectibles que, al ser identificados y trabajados, pueden convertirse en fortalezas o ventajas en el Sistema Nacional Anticorrupción, el cual carece de fuerza para prevenir, detectar y erradicar la corrupción.

Si bien es cierto que este trabajo se encuentra enfocado en la legislación mexicana, ello no implica que no se puedan tomar ideas para otros países de Latinoamérica u otras regiones del mundo que pretendan combatir el problema de la corrupción de manera directa.

Los capítulos de este libro se encuentran estructurados de la siguiente manera:

- Introducción.
- **Capítulo primero.** Conceptos básicos de la corrupción, así como de servidor público, funcionario público y particulares relacionados con actos de corrupción. También se desarrolla información acerca de la nula educación que reciben los menores en instituciones educativas sobre el tema.
- **Capítulo segundo.** Análisis del Sistema Nacional de Fiscalización, una herramienta imprescindible para detectar la corrupción, que debe fortalecerse a través de la Carta Magna.

- **Capítulo tercero.** Estudio del procedimiento de responsabilidad administrativa, autoridades que intervienen en él, los incidentes, notificaciones, prescripción, caducidad y resolución.
- **Capítulo cuarto.** Medios de defensa que deben interponer los interesados en contra de las resoluciones dictadas en los procedimientos de responsabilidades administrativas, las autoridades ante las cuales se interponen y los plazos.
- **Capítulo quinto.** Desarrollo de la declaración de procedencia y el juicio político. Análisis de qué servidores públicos son susceptibles de ser llamados a este procedimiento y si pueden interponer medios de defensa en contra de sus resoluciones.
- **Capítulo sexto.** Análisis del procedimiento de rendición de cuentas, que incluye las declaraciones patrimoniales, así como el acta de entrega-recepción. Se abordan los plazos con los que cuenta el servidor público para dar cumplimiento a esta obligación.
- **Capítulo séptimo.** Estudio de las faltas administrativas graves y no graves, así como los delitos cometidos por servidores públicos, y su diferencia con las faltas administrativas.
- **Capítulo octavo.** Establecimiento del marco normativo del que emana el Sistema Nacional Anticorrupción, así como la distribución de competencias entre los órdenes de gobierno para establecer las responsabilidades administrativas de los servidores públicos, incluida la imposibilidad de los estados de emitir normatividad relacionada con dichas responsabilidades.

Introducción

Hace setenta mil años los *homo sapiens* nacíamos libres para recorrer el mundo, sin cadenas que nos ataran a un territorio, a ideologías, religiones, corrientes políticas o clases sociales, no conocíamos de derecho y mucho menos de obligaciones. En esa libertad descubrimos nuestra capacidad intelectual, abstracción, introspección y comunicación, y logramos una «revolución cognitiva» que nos elevó a un nivel superior sobre los demás animales. Posteriormente sufrimos una transición a gran escala, conocida como la «revolución agrícola», que consistió en sustituir nuestro estilo de vida de caza y recolección por la agricultura y la ganadería, lo que permitió el asentamiento de personas en un territorio específico y la capacidad de generar más alimento sin necesidad de arriesgarnos a los peligros de vivir en la naturaleza.

Esta revolución agrícola también generó cambios sustanciales en la conducta del ser humano y en su entorno, pues el sedentarismo permitió que las mujeres se embarazaran con mayor frecuencia y que la población creciera en un territorio determinado, surgiendo figuras importantes como la familia (primera sociedad) y la propiedad privada (referida al espacio territorial donde se practicaba la ganadería y la agricultura), pero, más importante aún, nació en nosotros la pertenencia y la identidad, que distinguía a los individuos que forman parte de un grupo social de aquellos que no pertenecen a él («nosotros» y «ustedes»). Estos conceptos se arraigaron cuando comenzaron los ataques e invasiones a comunidades previamente establecidas, obligando a las personas a organizarse y crear estructuras jerárquicas.

En ese nuevo escenario evolutivo desarrollamos una realidad dual: una tangible y otra intangible. La primera la percibimos con nuestros sentidos, como la existencia de ríos, estrellas, montañas, animales y océanos; bajo la segunda, creamos seres divinos, mitos, cuentos y leyendas, tanto fue así que, cuando había malos años o cosechas pobres, solicitábamos apoyo celestial e incluso realizábamos ritos y sacrificios en honor a los dioses o espíritus, para que la siguiente cosecha fuera exitosa y pudiéramos alimentar a nuestros hijos.

En los tiempos modernos, mucha de esa realidad intangible o imaginada sigue vigente y la necesitamos para subsistir; pero ahora la percibimos bajo el contexto de corporaciones, sindicatos, Estados, instituciones gubernamentales, gobiernos, entes públicos o instituciones financieras. Aunque no son seres con vida propia, sabemos que existen en el mundo jurídico y los llamamos «ficción legal».

Una parte de esa ficción legal es el «pacto social», concepto utilizado por primera vez por Thomas Hobbes (1588-1679) en su obra *Leviatán*, donde plantea que los seres humanos vivíamos en un estado de guerra constante y que, para escapar de esa anarquía, «acordamos» ceder nuestros derechos a un soberano para que garantizara la paz y la seguridad de la colectividad.

Aunque John Locke y Jean-Jacques Rousseau también utilizaron este concepto para desarrollar sus teorías políticas o democráticas, lo trascendental es que, en un punto de nuestra historia, abandonamos un estado natural para transitar a un Estado civil, lo que tuvo como consecuencia que nuestra libertad transmutara a la perpetua y continua obligación de cumplir un acuerdo intangible llamado «pacto social». En consecuencia, ya no reinaba sobre los *homo sapiens* el más fuerte del grupo a través de la fuerza física, como ocurría en la selva, sino que todos los seres humanos pasamos a formar parte de ese pacto, cediendo esa «libertad total» a cambio de recibir protección del Estado contra fuerzas locales y extranjeras, con el fin de vivir en armonía.

Pero ¿qué pasa cuando esas «cadenas» no aplican para todos? Es decir, ¿qué ocurre cuando una persona o un grupo de la élite se benefician a costa de la población en general y sus actos quedan impunes? En ese caso, perdemos la esencia del pacto social y regresamos a la ley de la selva, aunque no contextualizada a través del uso de la fuerza o potencia física, sino que esa fuerza se ejerce a través del uso del dinero, la colusión, la extorsión o la manipulación; es decir, a través de la corrupción, pues ya no gobierna el más fuerte, el más inteligente o el Estado: gobierna quien corrompe la ley, tiene la habilidad de beneficiarse y quedar impune.

Este fenómeno social, denominado corrupción, se relaciona íntimamente con la búsqueda de recursos y poder, y ha existido desde los inicios de la civilización. Se tiene registro de los primeros actos de corrupción en civilizaciones antiguas como la sumeria o la egipcia. Incluso el Código de Hammurabi, tallado en una roca de basalto, contiene sanciones para jueces corruptos. En otras palabras, el tema que tenemos en las manos nos acompaña desde hace miles de años y, hasta la fecha, ese mal no ha sido resuelto.

La corrupción no solo es una cuestión de política. En el año 1517 Martín Lutero expuso los excesos de la Iglesia ante la venta de indulgencias plenarias certificadas, cuyo objetivo era «reducir» el castigo de los difuntos en el purgatorio por los pecados cometidos en vida.

Este reclamo provocó una revolución tan grande que dividió a la Iglesia católica y permitió el nacimiento de la religión protestante, así como la excomunión de Martín Lutero el 3 de enero de 1521 mediante la bula papal *Decet Romanum Pontificem* (castigo que se consideraba la mayor sanción que la autoridad eclesial podía imponer a un creyente). Tuvieron que pasar quinientos años para que el papa Juan Pablo II levantara la excomunión a Lutero, firmando un acuerdo con los cristianos luteranos. Esta situación, si bien tuvo consecuencias graves en las cúpulas religiosas, en realidad afectó sobre todo a los menos favorecidos, quienes vivieron el peor momento, ya que la venta de indulgencias plenarias provocó que los creyentes dejaran de realizar actos generosos con los pobres, pues ya no veían la necesidad de ayudar a los más necesitados al considerar que habían obtenido el perdón de sus pecados.

En el sector privado también encontramos ejemplos, como el de la empresa Enron, que originalmente se dedicaba a la administración de gasoductos en Estados Unidos y posteriormente expandió sus operaciones como intermediaria en contratos futuros y derivados del gas natural, además del desarrollo, construcción y operación de gasoductos y plantas de energía. Se convirtió en una empresa de importancia mundial; sin embargo, su reputación comenzó a decaer cuando aparecieron rumores de pago de sobornos y tráfico de influencias para obtener contratos en Latinoamérica, África, Filipinas e India.

La situación empeoró cuando se descubrió que las ganancias de la empresa eran resultado de la manipulación de los libros contables para «aumentar» los beneficios y ocultar deudas millonarias. Esto provocó la quiebra de la compañía (en ese entonces la séptima mayor empresa en Estados Unidos), generando despidos masivos sin pensiones ni ahorros, además de pérdidas superiores a setenta mil millones de dólares.[1]

En Europa tenemos el caso de Volkswagen, que en 2015 manipuló software para engañar a las autoridades en las pruebas de emisiones contaminantes, lo que provocó demandas millonarias, la caída de sus acciones y un considerable daño ambiental.

1 Wikipedia. (2025, septiembre 8). *Enron*. En Wikipedia. https://es.wikipedia.org/wiki/Enron

En Latinoamérica no podemos pasar por alto el caso de Odebrecht, empresa que realizó deliberadamente sobornos a funcionarios públicos a través de un «Departamento de Operaciones Estructuradas», que en realidad era una oficina secreta dedicada al pago de sobornos. Para ello utilizaban bancos *offshore*, paraísos fiscales y empresas fachada, con un estimado total de sobornos de más de 788 millones de dólares. Dichos pagos involucraron a servidores públicos de Brasil, México, Argentina, Colombia, Venezuela, Ecuador, Perú, Panamá, República Dominicana, Angola, Mozambique, entre otros países.

En lo que respecta a la política mexicana, resulta necesario hacer referencia al caso de Luis Donaldo Colosio Murrieta, quien, siendo candidato presidencial, sufrió un atentado que acabó con su vida el 23 de marzo de 1994 en Lomas Taurinas. Fue un suceso que devastó a las personas que tenían la esperanza de atestiguar una verdadera transformación del país, pues Colosio tenía la convicción de combatir la corrupción desde las bases fundamentales de las instituciones públicas:

> Veo un México con hambre y con sed de justicia. Un México de gente agraviada por las distorsiones que imponen a la ley quienes deberían servirla. De mujeres y hombres afligidos por el abuso de las autoridades o por la arrogancia de las oficinas gubernamentales (fragmento del discurso que pronunció en el Monumento a la Revolución, el 6 de marzo de 1994).

Lamentablemente, mientras se realiza este libro, México y muchos países del mundo siguen teniendo líderes políticos con un deseo excesivo de dinero y poder, que pasan por alto que los más necesitados sufren las consecuencias de sus actos y omisiones, convirtiéndose así en un mal ejemplo para las nuevas generaciones, quienes buscan ocupar un lugar en la política no para procurar el bien común, sino para beneficiarse personalmente. Y no es culpa de los jóvenes que persiguen afanosamente un lugar en la política para enriquecerse y tener poder: los verdaderos culpables son los individuos que los precedieron, su entorno, «el hambre» y las autoridades que han permitido la impunidad.

La antropología dicta que cada individuo se adapta a las condiciones y características del lugar en el que nace y se desarrolla. Tanto es así que cada uno de nosotros habla y entiende el lenguaje que escucha desde pequeño e, incluso, se desenvuelve de acuerdo con las costumbres y comportamientos aprendidos, resultando muy difícil desprenderse de ellos. Por ello, si desde la niñez hemos observado que nuestros gobiernos juegan un papel de corrupción bajo la «ley de la reciprocidad e impunidad», es razonable que crezcamos con la idea de que ese modelo a seguir es el único que existe en la administración pública y que, por ende, no solo debemos tolerarlo, sino también participar en ese «juego», con la esperanza de obtener en el futuro un beneficio personal y directo.

Con el propósito de continuar esa histórica lucha contra la corrupción, es necesario realizar un estudio del Sistema Nacional Anticorrupción, a fin de advertir que nuestra normatividad resulta insuficiente para destruir la «ley de la reciprocidad e impunidad». Con la elaboración de este libro se pretende impulsar instituciones inclusivas que se enfoquen en prevenir, detectar y erradicar la corrupción. Claro está que encontraremos resistencia por parte del propio gobierno, de los poderes públicos, de los legisladores, de servidores públicos e incluso de particulares. No debemos olvidar que el gobierno nos quiere ignorantes y divididos, ajenos al recurso público y a sus negocios, y que hará todo lo posible por lograrlo, incluso repartirá migajas de ese dinero y proveerá de distracciones para mantenernos al margen.

Aquel gobierno que tome en serio este asunto y verdaderamente pretenda realizar un cambio histórico combatiendo la corrupción tendrá el beneficio de darle continuidad a sus proyectos durante muchos sexenios. Lo único que debe garantizar es que los recursos públicos lleguen al destino para el cual fueron obtenidos y no se queden en los bolsillos de particulares y servidores públicos corruptos.

Cada vez que se comete un acto de corrupción, pierde vigencia el contrato social, pues el Estado deja de buscar el bien común y la protección de la mayoría, para favorecer a unos cuantos. Por ello debemos realizar acciones distintas para recuperar su esencia; de lo contrario, reducimos al Estado a un ente innecesario y perjudicial que atenta contra la libertad individual y colectiva.

No aceptarás soborno, porque el soborno ciego a los que ven y pervierte las palabras de los justos.
ÉXODO 23:8

Capítulo I
Conceptos generales de la corrupción

Corrupción. Es aquella acción u omisión del servidor público, o del aspirante a ocupar un empleo, cargo o comisión, quien, de manera voluntaria —ya sea individualmente o con auxilio de un tercero—, transgrede el pacto social y las leyes vigentes, satisfaciendo necesidades individuales y no generales, quedando impune ante cualquier pena o sanción.

Cuando se desarrolle el concepto de «corrupción» considero que debe introducirse forzosamente la palabra «impunidad», pues esta expresión denota la inaplicabilidad de las facultades punitivas del Estado sobre el infractor, y demuestra la incapacidad de nuestras autoridades para prevenir, detectar y erradicar este problema, lo que tensa las relaciones entre los particulares y el gobierno.

¿Qué es un servidor público en México?

El artículo 108 de la Constitución Política de los Estados Unidos Mexicanos reconoce como servidores públicos a los representantes de elección popular, a los miembros del Poder Judicial de la Federación, a los funcionarios y empleados; en general, a toda persona que desempeñe un empleo, cargo o comisión de cualquier naturaleza en el Congreso de la Unión o en la Administración Pública Federal, así como a los servidores públicos de los organismos a los que la Constitución otorgue autonomía. Todos ellos serán responsables por los actos u omisiones en que incurran en el desempeño de sus respectivas funciones.[2]

Mientras que el artículo 3, fracción XXV, de la Ley General de Responsabilidades Administrativas reconoce como servidores públicos a las personas que desempeñen un empleo, cargo o comisión en los entes públicos, tanto en el ámbito federal como en el local, conforme a lo dispuesto en el artículo 108 de la Constitución.[3]

Además, según el artículo 212 del Código Penal Federal, es servidor público toda persona que desempeñe un empleo, cargo o comisión de cualquier naturaleza en la Administración Pública Federal centralizada o en la del Distrito Federal, en organismos descentralizados, empresas de participación estatal mayoritaria, organizaciones y sociedades asimiladas a estas, fideicomisos públicos, empresas productivas del Estado, en los órganos constitucionales autónomos, en el Congreso de la Unión o en el Poder Judicial Federal, o bien aquella que maneje recursos económicos federales. Las disposiciones contenidas en el título Décimo del Código Penal Federal son aplicables a los gobernadores de los estados, a los diputados, a las legislaturas locales y a los magistrados de los tribunales de justicia locales.[4]

¿Qué es la función pública?

Según la **Convención Americana contra la Corrupción,** debe entenderse como aquella actividad temporal o permanente, remunerada u honoraria, realizada por una persona en nombre

2 Constitución Política de los Estados Unidos Mexicanos. (1917). Art. 108. México.

3 Ley General de Responsabilidades Administrativas. (2016, julio). Art. 3. México.

4 Código Penal Federal. (1931, agosto). Art. 212. México.

del Estado o al servicio del Estado o de sus entidades, en cualquiera de sus niveles jerárquicos.

¿Qué es un funcionario público según la norma internacional?

Según la **Convención de las Naciones Unidas contra la Corrupción,** también conocida como Convención de Mérida por haberse adoptado en esa ciudad en diciembre de 2003, se entiende por funcionario público a la persona que ocupe un cargo legislativo, ejecutivo, administrativo o judicial de un Estado parte, ya sea designado o elegido, permanente o temporal, remunerado u honorario, cualquiera que sea la antigüedad de esa persona en el cargo.[5]

Asimismo, toda persona que desempeñe una función pública, incluso para un organismo o una empresa pública, o que preste un servicio público, según se defina en el derecho interno del Estado parte y se aplique en la esfera pertinente del ordenamiento jurídico de ese Estado parte.

Según la **Convención Americana contra la Corrupción**, es aquel empleado del Estado o de sus entidades, incluidos quienes han sido seleccionados, designados o electos para desempeñar actividades o funciones en nombre del Estado o al servicio del Estado, en todos sus niveles jerárquicos.

Se considera empleo, cargo o comisión lo siguiente:

a. **Empleo.** Es el grueso de la responsabilidad administrativa, porque su función esencial deriva del ente público.

5 Oficina de las Naciones Unidas contra la Droga y el Delito. (s. f.). *Convención de las Naciones Unidas contra la corrupción.* https://www.unodc.org/pdf/corruption/publications_unodc_convention-s.pdf

- Los servidores públicos son responsables en el desempeño de sus funciones, es decir, en virtud de las normas previstas en un ordenamiento jurídico.

b. **Cargo.** Corresponde a quienes desempeñan la titularidad del ente público y a los titulares de los órganos constitucionales autónomos, así como a los del Poder Ejecutivo, presidentes municipales, gobernadores, etc.[6]

  - Pueden incurrir en responsabilidad política, administrativa y penal, respectivamente.
  - Una persona que no desempeña un cargo no podrá tener responsabilidad política, excepto cuando expresamente así lo señale la ley (constituciones locales).

c. **Comisión**. Para efectos de la responsabilidad administrativa, se entiende como aquella situación en la que, por virtud de un acto jurídico, una persona presta un servicio público y, en consecuencia, se vincula con el Estado para brindarlo (concesión, servicios profesionales).

Particulares

La **Ley General de Responsabilidades Administrativas** no contempla el concepto de «particular»; sin embargo, podemos inferir que son aquellas personas físicas o morales que no tienen la calidad de servidores públicos, pero sí participan en la comisión de faltas administrativas y delitos por hechos de corrupción.

---

6 Constitución Política de los Estados Unidos Mexicanos. (1917). Art. 109. México.

Sector privado

Las empresas juegan un papel trascendental en este asunto, puesto que la **Organización para la Cooperación y el Desarrollo Económicos (OCDE)** recomienda a los Estados parte fomentar que las empresas desarrollen controles internos adecuados, así como programas o medidas de ética y cumplimiento, con el objeto de prevenir y detectar el cohecho internacional.

Para ello se debe tomar en cuenta la *Guía de buenas prácticas en controles internos, ética y cumplimiento*, incluida en el Anexo II de las *Recomendaciones Anticohecho 2009*. Esta guía está dirigida tanto a empresas como a organizaciones comerciales y asociaciones profesionales, y resalta las buenas prácticas para asegurar la efectividad de sus controles internos, así como de los programas y medidas de ética y cumplimiento, con el fin de prevenir y detectar el cohecho a nivel internacional.[7]

Candidatos a ocupar cargos públicos (particulares en situación especial)

El artículo 73 de la **Ley General de Responsabilidades Administrativas** reconoce como faltas de particulares en situación especial aquellas realizadas por candidatos a cargos de elección popular, miembros de equipo de campaña electoral o de transición entre administraciones del sector público, y líderes de sindicatos del sector público, que impliquen exigir, solicitar, aceptar, recibir o pretender recibir alguno de los beneficios no comprendidos en su remuneración como servidor público.

---

7 Organización para la Cooperación y el Desarrollo Económicos. (s. f.). *Guía de la OCDE de debida diligencia para una conducta empresarial responsable.* https://mneguidelines.oecd.org/Guia-de-la-OCDE-de-debida-diligencia-para-una-conducta-empresarial-responsable.pdf

Estos beneficios pueden consistir en dinero, valores, bienes muebles o inmuebles —incluso mediante enajenación a un precio notoriamente inferior al del mercado—, donaciones, servicios, empleos y demás beneficios indebidos, ya sea para sí mismos, para su cónyuge, parientes consanguíneos o civiles, o para terceros con los que tengan relaciones profesionales, laborales o de negocios, o bien para socios o sociedades de las que el servidor público o las personas antes referidas formen parte.[8]

Lo que pretende obtener el servidor público o particular cuando comete actos de corrupción es:

- El dominio de algo o de alguien.
- Satisfacer su interés personal y no el interés general.
- Generar un beneficio al individuo en lo político, económico e incluso sexual.[9]

Tipos de corrupción

- **Directa.** Cuando el servidor público ejecuta un acto contrario a derecho que le genera un beneficio económico en detrimento del patrimonio de un particular o del propio ente público.
- **Indirecta.** Cuando el servidor público realiza un acto u omisión contrario a derecho del que se beneficia un tercero o, en su defecto, utiliza a un tercero para su propio beneficio.

8 Ley General de Responsabilidades Administrativas. (2016, julio). Art. 73. México.

9 Castro Cuenca, C. G. (2017). *La corrupción pública y privada: Causas, efectos y mecanismos para combatirla* (p. 28). Bogotá: Editorial Universidad del Rosario, Facultad de Jurisprudencia.

- **Instantánea.** Cuando en un solo acto se genera un detrimento en el patrimonio de un particular, del ente público o del servicio público.
- **Progresiva.** Cuando diversos actos estrechamente relacionados tienen como objetivo primordial el quebrantamiento de la ley en perjuicio del patrimonio de un particular, del ente público o del servicio público.

Gravedad en la corrupción

- **Ocasional.** Se presenta cuando existen estímulos directos para la corrupción, como el caso del ciudadano que ofrece un soborno al agente de tránsito para evitar una multa.
- **Media.** Se da en situaciones más complejas pero restringidas, como la obtención de información o documentación para acceder a un beneficio mayor, o la omisión de ejercer facultades en beneficio de un particular.
- **Alta.** Se refiere a redes complejas en las que se involucran entidades completas para beneficio del individuo, lo que se advierte en la existencia de contratos, juicios, procedimientos administrativos, etc.
- **Compleja.** Relacionada con fenómenos de mayor alcance, como el narcotráfico, el lavado de dinero, entre otros.

¿Cómo se genera la corrupción?

- Una pobre remuneración en el empleo, cargo o comisión.
- La necesidad de atención y reconocimiento, que provoca que los individuos abusen de su empleo, cargo o comisión.

- Conforme avanzamos en edad, nos volvemos artífices de la evasión, colusión, peculado y falsedad, que se perfeccionan con los conocimientos adquiridos a lo largo de los años. Esto no se limita a abogados, contadores, arquitectos o ingenieros, sino que abarca todas las profesiones y medios de comunicación. Podrían darse millones de ejemplos, pero ninguno de ellos es servidor público; por ello, es necesario considerar que la corrupción pública es igual de perjudicial que la corrupción privada.
- El consumismo y el individualismo han perjudicado nuestra percepción de la felicidad. Al tener acceso a plataformas digitales que muestran estilos de vida con vehículos deportivos, casas modernas, ropa de lujo o viajes en lugares exóticos, muchas personas pretenden acceder a ese nivel de vida de manera «instantánea».
- La falta de estabilidad en el trabajo. Es decir, si no existe una carrera administrativa o judicial que genere certeza al servidor público sobre su permanencia o continuidad en el empleo, cargo o comisión, ello lo motivará a buscar estabilidad económica mediante actos de corrupción.
- Falta de experiencia laboral y profesional.

Consecuencias de la corrupción

- **Reducción de la inversión.** Se produce por la falta de trato equitativo, el aumento de los costos, la disminución de la tasa de retorno y la incertidumbre.
- **Lavado de dinero**. La inversión de grandes empresas es reemplazada por el dinero de la mafia, con el cual adquieren el dominio de diversas empresas e incluso de partidos políticos.

- **Aumento del valor de los bienes y servicios.** Se genera al adicionar el costo del soborno o beneficio ilícito al producto final, lo que limita el acceso de los más pobres a servicios básicos y, por tanto, reduce la calidad de vida de los demás habitantes.
- **Desviación de intereses.** Exclusión de las empresas que realmente podrían ejecutar los servicios, lo que da lugar a compras y ventas fraudulentas de bienes.
- **Reducción de la competitividad.** La empresa que paga sobornos deja de invertir en recursos necesarios para superar a la competencia, como costos de proyectos, modernización, investigación e inversiones tecnológicas, situación que repercute en detrimento de los consumidores.

Razonamiento cognitivo

La conducta de los servidores públicos o particulares no es accidental; corresponde a una decisión racional tomada con el propósito de beneficiarse de manera directa o indirecta. En otras palabras, su conducta persigue un ilícito.[10]

Educación criminal

La incongruencia es que esta actividad la aprende el individuo desde la infancia al estar expuesto a un ambiente que lo orilla a actuar de esa forma. Es decir, los padres de familia enseñamos

10 Castro Cuenca, C. G. (2017). *La corrupción pública y privada: Causas, efectos y mecanismos para combatirl*a (p. 31). Bogotá: Editorial Universidad del Rosario, Facultad de Jurisprudencia.

a nuestros hijos que la bondad e inteligencia se confunden con la estupidez, mientras que la audacia y la astucia prevalecen sobre la inteligencia o las buenas intenciones.

Pérdida de valores

El individualismo y el consumismo absorbieron cualquier tipo de filosofía del bien común, y se han creado sistemas paralelos a la legalidad en los cuales es posible obtener cualquier bien fuera de los canales legales, incluso admirando a los antihéroes porque consiguen lo que quieren sin realizar esfuerzo alguno.

¿Ganar-ganar?

La corrupción se realiza bajo el principio de «ganar-ganar», el cual consiste en una estrategia de cooperación en la que los participantes obtienen un beneficio presente o futuro. Como resultado, se incrementa el poder político o económico. Sin embargo, los involucrados pasan por alto que los efectos de su actuar generan, a mediano y largo plazo, una mala calidad en las obras públicas o el desabasto de bienes, productos y servicios indispensables para la comunidad, poniendo en riesgo la integridad y la salud de las personas. Entonces, los particulares «perdemos-perdemos».

La **Organización de los Estados Americanos (OEA)** es una organización internacional que agrupa a todos los países independientes del continente americano. Es a través de la **Convención Interamericana contra la Corrupción (CICC)** que los Estados miembros se encuentran obligados a prevenir, detectar y erradicar la corrupción; sin embargo, México no ha logrado cumplir con estos objetivos.

Área de oportunidad I: Prevención

El Sistema Nacional Anticorrupción es ineficaz, ya que el propio gobierno no combate este mal desde las bases fundamentales de las instituciones públicas, como la Secretaría de Educación Pública; entidad pública que debería instaurar programas de civismo, educación fiscal temprana y combate a la corrupción.

Para prevenir actos de corrupción no es suficiente una educación «equitativa, inclusiva, intercultural e integral», como la que imparte la Secretaría de Educación Pública. Si no se enseñan y promueven valores en los futuros servidores públicos de la nación, amarán más el dinero y la opulencia que el prestigio de ser líderes de una nación tan hermosa como lo es México. Necesitamos nacionalistas que entiendan y apliquen las reglas mínimas de comportamiento que permiten convivir en sociedad de manera civilizada y que sepan diferenciar entre el bien y el mal (metaética, ética normativa y ética aplicada). Deben comprender que los recursos públicos son obtenidos por el gobierno para fines específicos.

En ese sentido, lo que objetivamente se propone es que el Estado y la familia promuevan los valores: bienes intangibles que solo los seres humanos utilizamos durante nuestra vida y que sirven como guía para diferenciar lo correcto de lo incorrecto. Su adquisición comienza en los primeros meses de vida y se consolida en etapas posteriores, sin que ello implique que los jóvenes y adultos de esta generación no puedan participar en esta revolución cognitiva. Recordemos que nuestro cerebro es excepcionalmente plástico, lo que nos permite adaptarnos a cambios sustanciales de nuestro entorno y cambiar nuestra manera de pensar de forma significativa.

Resulta imperativa la participación de las instituciones gubernamentales, religiosas, escolares, así como de los medios de comunicación, familias y comunidades indígenas, para que desde temprana edad se fomenten los valores sociales, éticos y morales. Más importante aún es desarrollar un ambiente que permita practicarlos hasta convertirlos en hábitos, de manera que nuestros hijos los transmitan naturalmente a su descendencia. Recordemos que la inteligencia humana no se desarrolla en aislamiento, sino en sociedad, y que el proceso de aprendizaje de la mente es elástico e incremental. De ahí que, si desde una edad temprana fomentamos los valores, es más probable que en un futuro (una generación que aún no ha nacido) existan personas capaces de negarse a realizar actos de corrupción por voluntad propia, y no por miedo a ser sometidas a las facultades punitivas de la autoridad.

Esto que se expone no se encuentra regulado en los programas de educación básica, media o superior de la Secretaría de Educación Pública, y eso es lo trágico, pues a nadie parece importarle. Sin embargo, si el Estado Mexicano llevara a cabo tareas de prevención de la corrupción, no solo se cumplirían los compromisos acordados en los artículos 5.° y 6.° de la *Convención Interamericana contra la Corrupción* (OEA), sino que, en el futuro, tendríamos mexicanos repletos de valores que serían mejores que nosotros. De eso se trata la evolución: que los mejor preparados tomen las riendas del grupo y nos guíen por el camino al éxito.

En cuanto a la **educación fiscal temprana**, debe señalarse que debe realizarse a través de procesos de enseñanza a los menores de edad para que comprendan los derechos y obligaciones tributarias que toda persona tiene. El objetivo es que desarrollen un compromiso de responsabilidad frente a sus iguales y busquen el bien común, haciéndoles ver la importancia de recaudar recursos para que el Estado pueda brindar servicios como seguridad, salud, atención a emergencias, construcción de obras públicas, cuidado ambiental, etcétera. En esa misma línea, se deberá mostrar a los menores las consecuencias del fraude fiscal y la corrupción.

Esquema educacional

1. Nivel Primaria (7-12 años)

Objetivo: Que comprendan que, si no se coopera, todos pierden.

- Idea central: «No aportar afecta a la comunidad».
    - Los impuestos como cooperación voluntaria.
    - Qué pasa si algunos no aportan: menos juegos, menos material, menos limpieza.
    - Consecuencia práctica: los servicios se deterioran.
- Dinámicas:
    - Juego de roles: una «cooperativa escolar» donde algunos no aportan y, al final, falta dinero para el refrigerio o el material.

2. Nivel Secundaria (13-15 años)

Objetivo: Mostrar que la falta de cumplimiento genera injusticia y desigualdad.

- Idea central: «Si unos no cumplen, se debilita la justicia y equidad».
    - El que no paga obtiene una ventaja injusta.
    - Impacto en la sociedad: menos seguridad, menos hospitales, menos becas.

- Genera desconfianza y fomenta corrupción.

- Consecuencia práctica: escasez de servicios y desigualdad social.

3. Nivel Preparatoria (16-18 años)

Objetivo: Entender las sanciones legales y éticas.

- Idea central: «No pagar impuestos es una falta legal y moral».

    - Fundamento constitucional: artículo 31, fracción IV (obligación de contribuir).
    - Sanciones legales:
        - Multas y recargos.
        - Embargos de bienes.
        - Cancelación de sellos digitales (para empresas).
        - Delitos fiscales: prisión en casos de defraudación fiscal.
    - Consecuencias sociales:
        - Menos recursos para programas sociales.
        - Mayor desigualdad y corrupción.

4. Transversal (todos los niveles)

- **Valores reforzados:** honestidad, cooperación, justicia social, responsabilidad ciudadana.
- **Metodología:** explicar con ejemplos cercanos, usar material visual y ejercicios prácticos.

Educad a los niños y no será necesario castigar a los hombres.

PITÁGORAS

Tecnología

Es ineficaz el Sistema Nacional Anticorrupción en México, pues el Estado no utiliza la tecnología para prevenir actos de corrupción en la administración pública, como la inteligencia artificial o los *smart contracts*.

No es un secreto que en un futuro muy cercano los empresarios buscarán implementar tecnologías relacionadas con la inteligencia artificial (IA). Esto presentará desafíos complicados en el mercado laboral, pero ayudará a reducir costos fiscales y de seguridad social, sin mencionar los riesgos laborales o las huelgas, ya que la IA podrá trabajar las veinticuatro horas del día, los siete días de la semana, sin necesidad de descansar ni de exigir derechos laborales. Es más: ni siquiera demandará un sueldo o salario.

Esa idea de simplificar la operación productiva y administrativa de las empresas debería ser adoptada por la administración pública a través de la «automatización de procesos robóticos»: una tecnología que podría ayudar a los particulares a gestionar trámites gubernamentales para obtener datos, informes o, en su defecto, tramitar actas, placas, documentos y permisos que requieran, los cuales consumen tiempo.[11]

Además de reducir los costos y el tiempo en trámites presenciales, lo más beneficioso es que se evitaría la interacción entre funcionarios públicos y particulares. En efecto, por cada gestión realizada en las oficinas de gobierno se corre el riesgo de promover actos de corrupción; es decir, que el servidor público solicite al particular «un pago» ajeno a su sueldo o salario con el objeto de impulsar el trámite administrativo que solicita el gobernado o, por el contrario, que, con el fin de agilizar un procedimiento u obtener un permiso, documento o servicio sin

11 Villarreal, P. (2024). *Inteligencia artificial* (pp. 100-103). Editorial Ariel.

cumplir con todos los requisitos mínimos indispensables, sea el particular quien ofrezca dinero al servidor público.

En cuanto a los *smart contracts*, es oportuno mencionar que el escritor **Gerardo Enrique Lupián Morfín**, en su libro *Smart Contracts y Blockchain*, reconoce que *smart* es un adjetivo usado con frecuencia en el ámbito tecnológico: *smart TV, smart launcher, smart cards, smartbox, smart cities* y, por supuesto, los *smartphones*. En relación con el combate a la corrupción proporngo la posibilidad de utilizar los *smart contracts* como un medio para constituir acuerdos de voluntades que creen, transmitan, modifiquen o extingan derechos y obligaciones entre los contratantes.

Los *smart contracts* se encuentran vinculados a la tecnología *blockchain*, entendida como aquella conformada por una base de datos distribuida entre diversos participantes, la cual no puede ser alterada debido a que está protegida criptográficamente y organizada en bloques. Es decir, cada bloque contiene un *hash*, una huella digital del conjunto de transacciones que en él se almacenan, así como el *hash* del bloque anterior, lo que impide que un bloque pueda ser alterado o insertado entre dos bloques preexistentes.[12]

Que todos los usuarios (autoridades fiscalizadoras) tengan una copia de todos los bloques evita que la información contenida en ellos esté exclusivamente en manos de una autoridad central que actúe como garante e intermediaria de la verificación de la nueva información, haciendo de la *blockchain* un sistema incorruptible e inmutable.

Al ser un código escrito en lenguaje de programación, se excluye a la persona física (en este caso, al servidor público) en la ejecución del contrato, lo que podría implicar que el recurso

12 Lupián Morfín, G. E. (2023). *Smart contractos y blockchain* (p. 26). Editorial Tirant.

público no pueda ser desviado a rubros distintos de aquel para el cual fue asignado.[13]

Esta tecnología, en el ámbito de la administración pública, podría garantizar la inmutabilidad y trazabilidad de los registros, lo que reduce las oportunidades de corrupción en áreas como contratos gubernamentales, transferencias de dinero o votaciones, permitiendo registrar transacciones de manera pública y segura, dificultando su manipulación. De esta manera se podría conocer el destino final de los recursos públicos, esperando que se apliquen para el concepto para el cual fueron creados.

El beneficio de contar con tecnología para trámites gubernamentales radica en la posibilidad de realizar procesos más dinámicos, transparentes y eficaces, reduciendo errores y tiempos de gestión tanto para el particular como para el propio servidor público. Además, genera bases de datos que facilitan el acceso a la información en tiempo real y brindan seguridad a los usuarios, puesto que los sistemas de gestión cuentan con cifrados a los que solo pueden acceder los servidores públicos autorizados.

Como todas las innovaciones, siempre será recomendable empezar con trámites y transferencias sencillas para explorar su funcionamiento y aplicación en la vida real. En un futuro cercano, podrá emplearse en trámites, operaciones y asignaciones mayores del gobierno, con el fin de evitar la intervención humana.

¿Cuántas ocasiones hemos escuchado en las noticias sobre «accidentes» con fuego o explosiones que se suscitaron en áreas estratégicas que contenían expedientes de contrataciones públicas (obras, bienes o servicios)? Estos siniestros borran evidencia de operaciones que podrían demostrar actos de corrupción, y

---

13 Lupián Morfín, G. E. (2023). *Smart contractos y blockchain* (pp. 24, 52). Editorial Tirant.

se olvidan con el simple transcurso del tiempo, como si nada hubiera ocurrido.[14]

Sería distinto si la tecnología jugara a nuestro favor y existieran copias electrónicas de los contratos, pagos y operaciones sobre el ejercicio de los recursos públicos. Sin embargo, no hemos luchado para que eso ocurra.

Es preciso señalar que el derecho, como fenómeno social, tiene que adecuarse y dar respuesta a las nuevas cuestiones y realidades que vivimos como sociedad, lo que implica que las actividades comerciales, en muchas ocasiones, se encuentren en ventaja sobre las cuestiones legales. Por ende, es probable que el propio contrato social apoye la utilización de los *smart contracts* para cumplir con su función de beneficiar a la colectividad.

En virtud de que México no cuenta con programas desarrollados por la Secretaría de Educación Pública para prevenir la corrupción, ni tampoco con tecnología suficiente, es evidente que el Estado no ha cumplido con la **Convención Interamericana contra la Corrupción**, en lo referente a promover y fortalecer el desarrollo de los mecanismos necesarios para prevenirla.

Potencial de uso

Licitaciones y concursos. El *Smart Contract* puede automatizar la recepción de propuestas, fijar plazos inmodificables y garantizar transparencia en la adjudicación. Evalúa objetivamente los criterios de precio y plazos, eliminando manipulaciones en concursos.

---

14 SinEmbargo. (s. f.). *Reporte especial: La explosión del edificio B de Pemex borró evidencia contra Romero Deschamps, acusa la disidencia*. https://www.sinembargo.mx/563004/reporte-especial-la-explosion-del-edificio-b-de-pemex-borro-evidencia-contra-romero-deschamps-acusa-la-disidencia/

Pagos progresivos. Se podrían liberar fondos públicos de manera automática conforme se verifique (por los supervisores certificados) que la obra, compra o servicio cumple con los requisitos legales, evitando retrasos y corrupción en la liberación de recursos.

Subsidios y programas sociales. Los beneficiarios obtendrían sus apoyos al presentar la documentación que justifique su requerimiento, reduciendo intermediarios y riesgos por clientelismo político.

Gestión de concesiones y permisos. El contrato registra obligaciones del concesionario, si no cumple, el contrato ejecuta sanciones automáticamente o retiene recursos económicos en caso de incumplimiento.

Cada transacción realizada quedaría registrada en blockchain, lo que reduce los riesgos de corrupción o desvío de recursos.

Lo que las leyes no prohíben,
lo debe prohibir la honestidad.
SÉNECA

Capítulo II
Sistema Nacional de Fiscalización

Para llegar a sancionar a un servidor público por actos de corrupción, previamente debemos conocer el procedimiento de fiscalización o auditoría en su contra, pues aquello que no se mide o evalúa no se puede mejorar ni corregir. Por lo tanto, se requiere una constante revisión de la administración, resguardo y aplicación de los recursos públicos, bienes o servicios respecto del fin para el cual son destinados.

De ahí surge la necesidad de conocer el **Sistema Nacional de Fiscalización,** para posteriormente entender por qué se sanciona a los servidores públicos y a los particulares relacionados.

¿Qué autoridades forman parte del Sistema Nacional de Fiscalización?[15]

- La Auditoría Superior de la Federación.
- La Secretaría Anticorrupción y Buen Gobierno.
- Las entidades de fiscalización superiores locales.
- Las secretarías o instancias homólogas encargadas del control interno de las entidades federativas.

15 Gobierno de México. (s. f.). *Sistema Nacional de Fiscalización.* https://www.gob.mx/sfp/documentos/sistema-nacional-de-fiscalizacion#:~:text=El%20Sistema%20Nacional%20de%20Fiscalizaci%C3%B3n,fiscalizaci%C3%B3n%20en%20todo%20el%20pa%C3%ADs.

¿Cuál es el objeto de la creación del Sistema Nacional de Fiscalización?

- Homologar procesos, procedimientos, técnicas, criterios, estrategias, programas y normas profesionales en materia de auditoría y fiscalización.
- Crear un sistema de coordinación entre las entidades federativas, municipios y alcaldías de la Ciudad de México.
- Fomentar y promover el establecimiento de un programa de capacitación coordinado, que permita incrementar la calidad profesional del personal de auditoría y mejorar los resultados de la auditoría y fiscalización.

El **Sistema Nacional de Fiscalización** permite conocer, entre otras cuestiones, en qué se están utilizando los recursos públicos, si se están alcanzando los objetivos determinados en los programas sociales y cuáles son las responsabilidades administrativas de los servidores públicos.

Las responsabilidades administrativas de los servidores públicos o particulares se conocen a través de la información que arrojan las **auditorías** realizadas por la Auditoría Superior de la Federación (control externo). En segundo lugar, mediante las facultades que ejercen las autoridades investigadoras, como los Órganos Internos de Control de la Secretaría Anticorrupción y Buen Gobierno, es decir, **de oficio** (control interno).

Por último, existe otro procedimiento para instaurar investigaciones a servidores públicos: las **denuncias** formuladas por los particulares o por los propios servidores públicos, quienes pueden mantener su identidad bajo secreto.[16]

---

16 Ley General de Responsabilidades Administrativas. (2016, julio). Art. 91. México.

Al respecto, es necesario desarrollarlas independientemente para su mejor comprensión.

I. Control externo

¿Qué es una auditoría?

Es el proceso sistemático mediante el cual, de manera objetiva, se obtiene y evalúa evidencia para determinar si las acciones llevadas a cabo por los entes sujetos de revisión se realizaron de conformidad con la normatividad establecida o con base en principios que aseguren una gestión pública adecuada.[17]

Fundamento constitucional

Los artículos 73, fracción XXIV; 74, fracciones II y VI; y 79 de la **Constitución Política de los Estados Unidos Mexicanos** reconocen la competencia del Congreso de la Unión, la Cámara de Diputados y la Auditoría Superior de la Federación en materia de revisión y fiscalización, en los siguientes términos:[18]

Congreso de la Unión

El Congreso de la Unión tiene la facultad de expedir las leyes que regulen la organización y facultades de la Auditoría Superior de la Federación, así como las demás que normen la gestión, control y evaluación de los Poderes de la Unión y de los entes públicos federales.

17 Ley de Fiscalización y Rendición de Cuentas de la Federación. (2016, julio). Art. 4. México.
18 Constitución Política de los Estados Unidos Mexicanos. (1917). Art. 73, 74 y 79. México.

Cámara de Diputados

La Cámara de Diputados tiene la facultad exclusiva para:

- Coordinar y evaluar, sin perjuicio de su autonomía técnica y de gestión, el desempeño de las funciones de la Auditoría Superior de la Federación.
- Revisar la Cuenta Pública del año anterior, con el propósito de evaluar los resultados de la gestión financiera, comprobar si se ha ajustado a los criterios señalados en el Presupuesto y verificar el cumplimiento de los objetivos contenidos en los programas.
- Realizar la revisión de la Cuenta Pública a través de la Auditoría Superior de la Federación. Si del examen que ésta realice aparecieran discrepancias entre las cantidades correspondientes a los ingresos o a los egresos con relación a los conceptos y partidas respectivas, o no existiera exactitud o justificación en los ingresos obtenidos o en los gastos realizados, se determinarán las responsabilidades conforme a la Ley. En el caso de la revisión sobre el cumplimiento de los objetivos de los programas, dicha autoridad solo podrá emitir recomendaciones para la mejora en el desempeño de estos, en los términos de la Ley.
- El artículo 79 de la **Constitución Política de los Estados Unidos Mexicanos** reconoce que será la Auditoría Superior de la Federación quien tenga la facultad de fiscalizar de forma posterior los ingresos, egresos y deuda; las garantías que, en su caso, otorgue el Gobierno Federal respecto a empréstitos de los estados y municipios; el manejo, la custodia y la aplicación de fondos y recursos de los Poderes de la Unión y de los entes públicos federales, así como de realizar auditorías sobre el desempeño

en el cumplimiento de los objetivos contenidos en los programas federales, a través de los informes que se rendirán en los términos que disponga la Ley.

Auditoría Superior de la Federación (facultades constitucionales)[19]

- Fiscalizará, de forma posterior, los ingresos, egresos y deuda; las garantías que, en su caso, otorgue el Gobierno Federal respecto de los empréstitos de los estados y municipios; el manejo, la custodia y la aplicación de fondos y recursos de los Poderes de la Unión y de los entes públicos federales, así como la realización de auditorías sobre el desempeño en el cumplimiento de los objetivos contenidos en los programas federales, a través de los informes que se rendirán en los términos que disponga la ley.
- También fiscalizará directamente los recursos federales que administren o ejerzan las entidades federativas, los municipios y las demarcaciones territoriales de la Ciudad de México. En los términos que establezca la ley, fiscalizará —en coordinación con las entidades locales de fiscalización o de manera directa— las participaciones federales. En el caso de los estados y municipios cuyos empréstitos cuenten con la garantía de la Federación, fiscalizará el destino y ejercicio de los recursos correspondientes que hayan realizado los gobiernos locales. Asimismo, fiscalizará los recursos federales que se destinen y se ejerzan por cualquier entidad, persona física o moral, pública o privada, así como los transferidos a

19 Constitución Política de los Estados Unidos Mexicanos. (1917, febrero). Art. 79. México.

fideicomisos, fondos y mandatos, públicos o privados, o a cualquier otra figura jurídica, de conformidad con los procedimientos establecidos en las leyes y sin perjuicio de la competencia de otras autoridades ni de los derechos de los usuarios del sistema financiero.

- Investigará los actos u omisiones que impliquen alguna irregularidad o conducta ilícita en el ingreso, egreso, manejo, custodia y aplicación de fondos y recursos federales, y efectuará visitas domiciliarias únicamente para exigir la exhibición de libros, papeles o archivos indispensables para la realización de sus investigaciones, sujetándose a las leyes y a las formalidades establecidas para los cateos.
- Derivado de sus investigaciones, promoverá las responsabilidades que sean procedentes ante el Tribunal Federal de Justicia Administrativa y la Fiscalía Especializada en Combate a la Corrupción, para la imposición de las sanciones que correspondan a los servidores públicos federales y, particulares.

Auditoría Superior de la Federación (Facultades legales)[20]

- Realizar, conforme al programa anual de auditorías aprobado, las auditorías e investigaciones. Para la práctica de auditorías, la Auditoría Superior de la Federación podrá solicitar información y documentación durante el desarrollo de estas.
- Practicar auditorías sobre el desempeño en el cumplimiento de los objetivos contenidos en los programas federales, conforme a los indicadores establecidos en el Presupuesto de Egresos y tomando en cuenta el Plan

20 Ley de Fiscalización y Rendición de Cuentas de la Federación. (2016, julio). Art. 17. México.

Nacional de Desarrollo, los programas sectoriales, regionales, operativos anuales y demás programas de las entidades fiscalizadas, a efecto de verificar su desempeño y, en su caso, el uso de los recursos públicos federales.

- Verificar que las entidades fiscalizadas que hubieren captado, recaudado, custodiado, manejado, administrado, aplicado o ejercido recursos públicos lo hayan realizado conforme a los programas aprobados y montos autorizados y, en el caso de los egresos, con cargo a las partidas correspondientes, además de con apego a las disposiciones legales, reglamentarias y administrativas aplicables.
- Verificar que las operaciones realizadas por las entidades fiscalizadas sean acordes con la Ley de Ingresos y el Presupuesto de Egresos, y que se efectúen con apego a las disposiciones respectivas del Código Fiscal de la Federación y leyes fiscales sustantivas; las leyes Federal de Deuda Pública, General de Partidos Políticos, Federal de Presupuesto y Responsabilidad Hacendaria, Orgánica del Congreso General de los Estados Unidos Mexicanos, de la Administración Pública Federal, del Poder Judicial de la Federación; de Asociaciones Público-Privadas; de Petróleos Mexicanos; de la Comisión Federal de Electricidad; de Disciplina Financiera de las Entidades Federativas y los Municipios; así como las correspondientes a obras públicas y adquisiciones de las entidades federativas y demás disposiciones legales, reglamentarias y administrativas aplicables.
- Requerir a los auditores externos copia de todos los informes y dictámenes de las auditorías y revisiones practicadas a las entidades fiscalizadas y, de ser requerido, el soporte documental.
- Requerir a terceros que hubieran contratado con las entidades fiscalizadas obra pública, bienes o servicios,

mediante cualquier título legal, y a cualquier entidad o persona física o moral, pública o privada —incluidas aquellas subcontratadas por terceros—, la información relacionada con la documentación justificativa y comprobatoria del ejercicio de recursos públicos, a efecto de realizar las compulsas correspondientes.

- Solicitar, obtener y tener acceso a toda la información y documentación, a través de medios físicos o electrónicos, mediante herramientas tecnológicas, que a juicio de la Auditoría Superior de la Federación sea necesaria para llevar a cabo la auditoría correspondiente, sin importar el carácter de confidencial o reservado de la misma, que obre en poder de:

    - Las entidades fiscalizadas.
    - Los órganos internos de control.
    - Las entidades de fiscalización superior locales.
    - Los auditores externos de las entidades fiscalizadas.
    - Instituciones de crédito, fideicomisos u otras figuras del sector financiero.
    - Autoridades hacendarias federales y locales.

- La Auditoría Superior de la Federación tendrá acceso a la información que las disposiciones legales consideren de carácter reservado o confidencial, siempre que esté relacionada directamente con la captación, recaudación, administración, manejo, custodia, ejercicio o aplicación de los ingresos y egresos federales y de la deuda pública, estando obligada a mantener la misma reserva en términos de las disposiciones aplicables.
- Fiscalizar los recursos públicos federales que la Federación haya otorgado a entidades federativas, municipios y alcaldías de la Ciudad de México, fideicomisos,

fondos, mandatos o cualquier otra figura análoga, así como a personas físicas o morales, públicas o privadas, cualquiera que sea su fin y destino, verificando su aplicación al objeto autorizado.

- Investigar, en el ámbito de su competencia, los actos u omisiones que impliquen alguna irregularidad o presunta conducta ilícita, o la comisión de faltas administrativas, en los términos establecidos en esta ley y en la Ley General de Responsabilidades Administrativas.
- Efectuar visitas domiciliarias únicamente para exigir la exhibición de libros, papeles, contratos, convenios, nombramientos, dispositivos magnéticos o electrónicos de almacenamiento de información, documentos y archivos indispensables para la realización de sus investigaciones, sujetándose a las leyes respectivas y a las formalidades prescritas para los cateos. Asimismo, podrá realizar entrevistas y reuniones con particulares o servidores públicos de las entidades fiscalizadas, necesarias para conocer directamente el ejercicio de sus funciones.
- Promover responsabilidades administrativas, para lo cual la unidad administrativa a cargo de las investigaciones de la Auditoría Superior de la Federación presentará el informe de presunta responsabilidad administrativa correspondiente ante la autoridad substanciadora de la misma Auditoría Superior de la Federación. Esta, de considerarlo procedente, turnará y presentará el expediente ante el tribunal competente o, en el caso de faltas no graves, ante el órgano interno de control.
- Cuando detecte posibles responsabilidades no graves dará vista a los órganos internos de control competentes, para que continúen la investigación respectiva

y, en su caso, promuevan la imposición de las sanciones correspondientes.

- Promover y dar seguimiento ante las autoridades competentes para la imposición de sanciones a los servidores públicos federales, de las entidades federativas, municipios y alcaldías de la Ciudad de México, así como a los particulares a que se refiere el Título Cuarto de la **Constitución Política de los Estados Unidos Mexicanos**, y presentar denuncias y querellas penales.
- Los procesos de fiscalización a que hace referencia esta ley podrán ser realizados por la Auditoría Superior de la Federación de manera presencial o por medios electrónicos, a través de herramientas tecnológicas y conforme a sus reglas de carácter general.

Cuentas públicas

La Auditoría Superior de la Federación, entre otras facultades, realiza revisiones a las **cuentas públicas**, las cuales deben entenderse como el informe que los entes públicos rinden de manera consolidada, a través del Ejecutivo, a la Cámara de Diputados, sobre su gestión financiera. Su propósito es comprobar que la recaudación, administración, manejo, custodia y aplicación de los ingresos se ejercieron en los términos de las disposiciones legales y administrativas aplicables.

La fiscalización de la Cuenta Pública comprende

La fiscalización de la gestión financiera de las entidades fiscalizadas tiene como propósito comprobar el cumplimiento de lo dispuesto en la Ley de Ingresos, el Presupuesto de Egresos y demás disposiciones legales aplicables, en cuanto a los ingresos y gastos públicos, así como la deuda pública. Incluye también la revisión del manejo, la custodia y la aplicación de los recursos públicos federales, así como de la información financiera, contable, patrimonial, presupuestaria y programática que las entidades fiscalizadas deban incluir en dicho documento, conforme a las disposiciones aplicables. Además, contempla la práctica de auditorías sobre el desempeño, con el fin de verificar el grado de cumplimiento de los objetivos de los programas federales.[21]

La fiscalización de la Cuenta Pública tiene por objeto:[22]

I. Evaluar los resultados de la gestión financiera:

a. La ejecución de la Ley de Ingresos y el ejercicio del Presupuesto de Egresos, para verificar la forma y los términos en que los ingresos fueron recaudados, obtenidos, captados y administrados; constatar que los recursos provenientes de financiamientos, obligaciones y empréstitos se contrataron, recibieron y aplicaron de conformidad con lo aprobado; y revisar que los egresos se ejercieron en los conceptos y partidas autorizados. Esto incluye, entre otros aspectos, la contratación de servicios y obra pública; las adquisiciones, arrendamientos, subsidios, aportaciones, donativos, transferencias, aportaciones a fondos, fideicomisos y demás instrumentos financieros; así como cualquier esquema o instrumento de pago a largo plazo.
b. Verificar si se cumplió con las disposiciones jurídicas aplicables en materia de sistemas de registro y contabilidad gubernamental; contratación de servicios,

---

21 Ley de Fiscalización y Rendición de Cuentas de la Federación. (2016, junio). Art. 2. México.

22 Ley de Fiscalización y Rendición de Cuentas de la Federación. (2016, junio). Art. 14. México.

obra pública, adquisiciones y arrendamientos; conservación, uso, destino, afectación, enajenación y baja de bienes muebles e inmuebles; administración de almacenes y demás activos; recursos materiales; y demás normatividad aplicable al ejercicio del gasto público.

c. Constatar si la captación, recaudación, administración, custodia, manejo, ejercicio y aplicación de los recursos federales —incluyendo subsidios, transferencias y donativos—, así como los actos, contratos, convenios, mandatos, fondos, fideicomisos, prestación de servicios públicos y operaciones realizadas por las entidades fiscalizadas, se ajustaron a la legalidad. Asimismo, comprobar que dichos actos no hayan causado daños o perjuicios, o ambos, en contra de la Hacienda Pública Federal o, en su caso, del patrimonio de los entes públicos de la Federación.
d. Comprobar si el ejercicio de la Ley de Ingresos y del Presupuesto de Egresos se ha ajustado a los criterios señalados en los mismos.

- Si las cantidades correspondientes a los ingresos y a los egresos se ajustaron o correspondieron a los conceptos y a las partidas respectivas.
- Si los programas y su ejecución se ajustaron a los términos y montos aprobados en el Presupuesto de Egresos.
- Si los recursos provenientes de financiamientos y otras obligaciones se obtuvieron en los términos autorizados y se aplicaron con la periodicidad y forma establecidas por las leyes y demás disposiciones aplicables, y si se cumplieron los compromisos adquiridos en los actos respectivos.

II. Verificar el cumplimiento de los objetivos contenidos en los programas:

a. Realizar auditorías del desempeño de los programas, verificando la eficiencia, la eficacia y la economía en el cumplimiento de sus objetivos.
b. Comprobar si se cumplieron las metas de los indicadores aprobados en el Presupuesto de Egresos y si dicho cumplimiento tiene relación con el Plan Nacional de Desarrollo y los programas sectoriales.
c. Verificar si se cumplieron los objetivos de los programas y las metas de gasto que promuevan la igualdad entre mujeres y hombres.

III. Promover las acciones o denuncias correspondientes

a. Con imposición de sanciones administrativas y penales por las faltas graves que se adviertan derivadas de sus auditorías e investigaciones, así como dar vista a las autoridades competentes cuando detecte la comisión de faltas administrativas no graves, para que continúen la investigación respectiva y promuevan la imposición de las sanciones que procedan.

IV. Las demás que formen parte de la fiscalización de la Cuenta Pública o de la revisión del cumplimiento de los objetivos de los programas federales.

Autonomía técnica y de gestión de la Auditoría Superior de la Federación

La Auditoría Superior de la Federación tiene autonomía técnica y de gestión en el ejercicio de sus atribuciones y para decidir sobre su organización interna, funcionamiento y resoluciones, en los términos que disponga la ley. La función de fiscalización será ejercida conforme a los principios de **legalidad, definitividad, imparcialidad y confiabilidad**.

La Auditoría Superior de la Federación podrá iniciar el proceso de fiscalización a partir del primer día hábil del ejercicio fiscal siguiente, sin perjuicio de que las observaciones o recomendaciones que, en su caso, realice deberán referirse a la información definitiva presentada en la Cuenta Pública.

Acceso a información y documentación

La autoridad tendrá acceso a contratos, convenios, documentos, datos, libros, archivos y documentación justificativa y comprobatoria relativa al ingreso, gasto público y cumplimiento de los objetivos de los programas de los entes públicos, así como a la demás información que resulte necesaria para la revisión y fiscalización de la Cuenta Pública, siempre que al solicitarla se expresen los fines a que se destine dicha información.

Colaboración administrativa entre entidades de fiscalización superior

Cuando, conforme a esta ley, los órganos internos de control o las entidades fiscalizadoras locales deban colaborar con la Auditoría Superior de la Federación en lo que concierne a la revisión de la Cuenta Pública, deberá establecerse una coordinación entre ambos a fin de garantizar el debido intercambio de información que se requiera y otorgar las facilidades que permitan a los auditores llevar a cabo el ejercicio de sus funciones.

Asimismo, deberán proporcionar la documentación que les solicite la Auditoría Superior de la Federación sobre los resultados de la fiscalización que realicen o cualquier otra que se les requiera para efectuar la auditoría correspondiente.[23]

Informe general

Es el documento más importante que emite la Auditoría Superior de la Federación, pues presenta los resultados de la fiscalización superior de la Cuenta Pública, y deberá contener, como mínimo, la siguiente información:[24]

- Un resumen de las auditorías y las observaciones realizadas.
- Las áreas clave con riesgo identificadas en la fiscalización.
- Un resumen de los resultados de la fiscalización del gasto federalizado, de las participaciones federales y de la evaluación de la deuda fiscalizable.
- La descripción de la muestra del gasto público auditado, señalando la proporción respecto del ejercicio de los Poderes de la Unión, la Administración Pública Federal, el gasto federalizado y el ejercido por los órganos constitucionales autónomos.
- Derivado de las auditorías y, en su caso, dependiendo de la relevancia de las observaciones, un apartado donde se incluyan las sugerencias a la Cámara de Diputados para modificar disposiciones legales, a fin de mejorar la gestión financiera y el desempeño de las entidades fiscalizadas.
- Un apartado que contenga un análisis sobre las proyecciones de las finanzas públicas contenidas en los criterios

23 Ley de Fiscalización y Rendición de Cuentas de la Federación. (2016, julio). Art. 24. México.

24 Ley de Fiscalización y Rendición de Cuentas de la Federación. (2016, julio). Art. 33. México.

generales de política económica para el ejercicio fiscal correspondiente y los datos observados al final de este.

La Cámara de Diputados remitirá copia del Informe al Comité Coordinador del Sistema Nacional Anticorrupción y al Comité de Participación Ciudadana.

La Auditoría Superior de la Federación tendrá como plazo máximo hasta el 20 de febrero del año siguiente para rendir el Informe General a la Cámara de Diputados, por conducto de la comisión respectiva.

Informes individuales

Es una facultad reglada de la Auditoría Superior de la Federación entregar a la Cámara de Diputados, el último día hábil de los meses de junio y octubre, así como el 20 de febrero del año siguiente al de la presentación de la Cuenta Pública, los informes individuales de auditoría que concluya durante el periodo respectivo.[25]

Los informes individuales serán de carácter público y deberán contener, como mínimo:

- Los criterios de selección, el objetivo, el alcance, los procedimientos de auditoría aplicados y el dictamen de la revisión.
- Los nombres de los servidores públicos de la Auditoría Superior de la Federación a cargo de realizar la auditoría o, en su caso, de los despachos o profesionales independientes contratados para llevarla a cabo.
- El cumplimiento, en su caso, de la Ley de Ingresos, el Presupuesto de Egresos, la Ley Federal de Deuda

25 Ley de Fiscalización y Rendición de Cuentas de la Federación. (2016, julio). Art. 35 y 36. México.

Pública, la Ley de Coordinación Fiscal, la Ley General de Contabilidad Gubernamental y demás disposiciones jurídicas aplicables.

- Los resultados de la fiscalización efectuada.
- Las observaciones, recomendaciones y acciones, con excepción de los informes de presunta responsabilidad administrativa, y, en su caso, denuncias de hechos.
- Un apartado específico en cada una de las auditorías realizadas donde se incluya una síntesis de las justificaciones y aclaraciones que, en su caso, las entidades fiscalizadas hayan presentado en relación con los resultados y las observaciones que se les hayan formulado durante las revisiones.
- El cumplimiento, en su caso, de los objetivos de aquellos programas que promuevan la igualdad entre mujeres y hombres, así como la erradicación de la violencia y cualquier forma de discriminación de género.
- Su publicación en la página de Internet de la Auditoría Superior de la Federación, en formatos abiertos.

La Auditoría Superior de la Federación dará cuenta a la Cámara de Diputados, en los informes individuales, de las observaciones, recomendaciones y acciones, así como, en su caso, de la imposición de las multas respectivas y demás acciones que deriven de los resultados de las auditorías practicadas.

Acciones y recomendaciones derivadas de la fiscalización

La Auditoría Superior de la Federación enviará a las entidades fiscalizadas, dentro de un plazo de **diez días hábiles** siguientes a la entrega del informe individual a la Cámara, el documento que contenga las acciones y recomendaciones que les correspondan, para que, en un plazo de **treinta días hábiles**, presenten la información y realicen las consideraciones pertinentes.[26]

Con la notificación del informe individual a las entidades fiscalizadas quedarán formalmente promovidas y notificadas las acciones y recomendaciones contenidas en dicho informe, salvo en los casos del informe de presunta responsabilidad administrativa y de las denuncias penales y de juicio político, los cuales se notificarán a los presuntos responsables en los términos de las leyes que rigen los procedimientos respectivos.

Acciones

- A través de las solicitudes de aclaración, se requerirá a las entidades fiscalizadas que presenten información adicional para atender las observaciones que se hayan realizado.
- Tratándose de los pliegos de observaciones, se determinarán en cantidad líquida los daños o perjuicios, ambos a la Hacienda Pública Federal o, en su caso, al patrimonio de los entes públicos.
- Mediante las promociones del ejercicio de la facultad de comprobación fiscal, se informará a la autoridad competente sobre un posible incumplimiento de carácter fiscal detectado en el ejercicio de las facultades de fiscalización.
- A través del informe de presunta responsabilidad administrativa, la Auditoría Superior de la Federación promoverá ante el Tribunal, en los términos de la Ley General de Responsabilidades Administrativas, la imposición de sanciones a los servidores públicos por las faltas administrativas graves que se adviertan derivadas de sus

26 Ley de Fiscalización y Rendición de Cuentas de la Federación. (2016, julio). Art. 39. México.

auditorías, así como sanciones a los particulares vinculados con dichas faltas.

- En caso de que la Auditoría Superior de la Federación determine la existencia de daños o perjuicios, o ambos, a la Hacienda Pública Federal o al patrimonio de los entes públicos, que deriven de faltas administrativas no graves, procederá en los términos de la Ley General de Responsabilidades Administrativas.
- Por medio de las promociones de responsabilidad administrativa, se dará vista a los órganos internos de control cuando se detecten posibles responsabilidades administrativas no graves, para que continúen la investigación respectiva y, en su caso, inicien el procedimiento sancionador correspondiente en los términos de la Ley General de Responsabilidades Administrativas.
- Mediante las denuncias de hechos, se hará del conocimiento de la Fiscalía Especializada la posible comisión de hechos delictivos.
- Por medio de la denuncia de juicio político, se hará del conocimiento de la Cámara la presunción de actos u omisiones de los servidores públicos a que se refiere el artículo 110 de la **Constitución Política de los Estados Unidos Mexicanos**, que redunden en perjuicio de los intereses públicos fundamentales o de su buen despacho, a efecto de que se substancie el procedimiento y se resuelva sobre la responsabilidad política correspondiente.

Recomendaciones

Antes de emitir sus recomendaciones, la Auditoría Superior de la Federación analizará con las entidades fiscalizadas las observaciones que les den origen. En las reuniones de resultados preliminares y finales, las entidades fiscalizadas, a través de sus representantes o enlaces, suscribirán conjuntamente con el personal de las áreas auditoras correspondientes de la Auditoría Superior de la Federación las actas en las que consten los términos de las recomendaciones que, en su caso, sean acordadas y los mecanismos para su atención.

Lo anterior, sin perjuicio de que la Auditoría Superior de la Federación podrá emitir recomendaciones en los casos en que no logre acuerdos con las entidades fiscalizadas.[27]

La información, documentación o consideraciones aportadas por las entidades fiscalizadas para atender las recomendaciones en los plazos convenidos deberán precisar las mejoras realizadas y las acciones emprendidas. En caso contrario, deberán justificar la improcedencia de lo recomendado o las razones por las cuales no resulta factible su implementación.

Dentro de los **treinta días** posteriores a la conclusión del plazo a que se refiere el artículo 41 de la Ley de Fiscalización y Rendición de Cuentas de la Federación (120 días para pronunciarse sobre las respuestas realizadas por las entidades fiscalizadas) la Auditoría Superior de la Federación enviará a la Cámara un reporte final sobre las recomendaciones correspondientes a la Cuenta Pública en revisión, detallando la información.

Conclusión de la revisión de la Cuenta Pública

La Comisión de Vigilancia de la Auditoría Superior de la Federación realizará un análisis de los informes individuales, de los informes específicos (en su caso) y del Informe General, y lo enviará a la Comisión de Presupuesto. Para este efecto, y a juicio de la Comisión, se podrá solicitar a las comisiones ordinarias de la Cámara una opinión sobre aspectos o contenidos

27 Ley de Fiscalización y Rendición de Cuentas de la Federación. (2016, julio). Art. 42 y 43. México.

específicos de dichos informes, en términos de la Ley Orgánica del Congreso General de los Estados Unidos Mexicanos y del Reglamento Interior de la Cámara de Diputados.[28]

El análisis de la **Comisión de Vigilancia de la Auditoría Superior de la Federación** podrá incorporar aquellas sugerencias que juzgue convenientes y que haya hecho la Auditoría Superior de la Federación para modificar disposiciones legales que busquen mejorar la gestión financiera y el desempeño de las entidades fiscalizadas.

En aquellos casos en que la Comisión de Vigilancia de la Auditoría Superior de la Federación detecte errores en el **Informe General** o bien considere necesario aclarar o profundizar su contenido, podrá solicitar a la Auditoría Superior de la Federación la entrega por escrito de las explicaciones pertinentes, así como la comparecencia del titular de la Auditoría Superior de la Federación o de otros servidores públicos de la misma, cuantas veces considere necesarias, a fin de realizar las aclaraciones correspondientes, sin que ello implique la reapertura del Informe General.

La Comisión podrá formular recomendaciones a la Auditoría Superior de la Federación, las cuales serán incluidas en las conclusiones sobre el Informe General.

La **Comisión de Presupuesto** estudiará el Informe General, el análisis de la Comisión a que se refiere esta ley y el contenido de la Cuenta Pública. Asimismo, la Comisión de Presupuesto someterá a votación del Pleno el dictamen correspondiente a más tardar el **31 de octubre** del año siguiente al de la presentación de la Cuenta Pública.

---

28 Ley de Fiscalización y Rendición de Cuentas de la Federación. (2016, julio). Art. 44, 45 y 46. México.

Fiscalización de recursos federales administrados o ejercidos por órdenes de gobierno locales y por particulares, así como de participaciones federales

La Auditoría Superior de la Federación tendrá la facultad de fiscalizar los siguientes rubros:

- El gasto federalizado.
- Las participaciones federales.
- La deuda pública de las entidades federativas y municipios que cuenten con garantía del Gobierno Federal.
- El cumplimiento de la Ley de Disciplina Financiera de las Entidades Federativas y los Municipios.

Fiscalización del gasto federalizado

En términos del artículo 47 de la **Ley de Fiscalización y Rendición de Cuentas de la Federación**, será la Auditoría Superior de la Federación quien fiscalice directamente, conforme al programa anual de auditoría que deberá aprobar y publicar en el **Diario Oficial de la Federación**, los recursos federales que administren o ejerzan las entidades federativas, los municipios y las alcaldías de la Ciudad de México, así como los recursos federales que se destinen y se ejerzan por cualquier entidad, persona física o moral, pública o privada, y los transferidos a fideicomisos, mandatos, fondos o cualquier otra figura jurídica, sin perjuicio de la competencia de otras autoridades y de los derechos de los usuarios del sistema financiero.[29]

También revisará el origen de los recursos con los que se pagan los sueldos y salarios del personal que preste o desempeñe

29 Ley de Fiscalización y Rendición de Cuentas de la Federación. (2016, junio). Art. 47. México.

un servicio personal subordinado en dichos órdenes de gobierno, para determinar si fueron cubiertos con recursos federales o locales, en términos de lo dispuesto en el artículo 3-B de la Ley de Coordinación Fiscal y las disposiciones aplicables. Para tal efecto, la Auditoría Superior de la Federación determinará, en su programa anual de auditorías, la muestra a fiscalizar para el año correspondiente.

Fiscalización de participaciones federales

El artículo 50 de la Ley de Fiscalización y Rendición de Cuentas de la Federación establece que será la Auditoría Superior de la Federación quien fiscalice las participaciones federales conforme a la facultad establecida en el artículo 79, fracción I, párrafo segundo, de la Constitución Política de los Estados Unidos Mexicanos.[30]

En la fiscalización superior de las participaciones federales se revisarán los procesos realizados por el Gobierno Federal, las entidades federativas, los municipios y las alcaldías de la Ciudad de México, e incluirá:

I. La aplicación de las fórmulas de distribución de las participaciones federales.
II. La oportunidad en la ministración de los recursos.
III. El ejercicio de los recursos conforme a las disposiciones locales aplicables, y el financiamiento y otras obligaciones e instrumentos financieros garantizados con participaciones federales.

30 Ley de Fiscalización y Rendición de Cuentas de la Federación. (2016, junio). Art. 51. México.

IV. En su caso, el cumplimiento de los objetivos de los programas financiados con estos recursos, conforme a lo previsto en los presupuestos locales.
V. La deuda de las entidades federativas garantizada con participaciones federales.

La Auditoría Superior de la Federación llevará a cabo de manera directa las auditorías que correspondan, independientemente de los convenios que hubiere celebrado con las entidades fiscalizadoras locales, cuando la entidad local de fiscalización haya solventado sin sustento, o en contravención a los lineamientos mencionados, observaciones realizadas con motivo de auditorías al ejercicio de las participaciones federales durante dos años consecutivos.

Lo anterior, sin perjuicio de que la Auditoría Superior de la Federación podrá llevar a cabo directamente la fiscalización de participaciones federales, independientemente del mecanismo de coordinación que hubiere celebrado o implementado. Asimismo, la Auditoría Superior de la Federación informará de manera semestral a la Comisión respecto de los mecanismos de coordinación celebrados, así como de los resultados del desempeño de las autoridades fiscalizadoras locales con las que se coordinó.

La Auditoría Superior de la Federación podrá fiscalizar la gestión financiera correspondiente al ejercicio fiscal en curso o respecto de años anteriores.

Fiscalización superior de la deuda pública de las entidades federativas y municipios que cuenten con garantía del Gobierno Federal

La Auditoría Superior de la Federación tiene la facultad de fiscalizar las garantías que, en términos de la Ley de Disciplina Financiera de las Entidades Federativas y los Municipios, otorgue el Gobierno Federal, así como el destino y ejercicio de los recursos correspondientes a la deuda pública contratada por los gobiernos estatales y municipales.[31]

La fiscalización tiene por objeto verificar:

- Si los instrumentos de crédito público y los financiamientos se formalizaron conforme a las bases generales que establece la **Ley de Disciplina Financiera de las Entidades Federativas y los Municipios**,
- Y si se formalizaron conforme a las bases que establecen las legislaturas de las entidades en la ley correspondiente.

Si del ejercicio de las facultades de fiscalización se encontrara alguna irregularidad, será aplicable el régimen de responsabilidades administrativas, debiendo accionar los procesos sancionatorios correspondientes.

Fiscalización del cumplimiento de la Ley de Disciplina Financiera de las Entidades Federativas y los Municipios[32]

La Auditoría Superior de la Federación, respecto de las reglas presupuestarias y de ejercicio, y de la contratación de deuda pública y obligaciones previstas en la Ley de Disciplina Financiera de las Entidades Federativas y los Municipios, deberá fiscalizar:

- La observancia de las reglas de disciplina financiera, de acuerdo con los términos establecidos en dicha Ley.
- La contratación de los financiamientos y otras obligaciones de acuerdo con las disposiciones previstas en la

31 Ley de Fiscalización y Rendición de Cuentas de la Federación. (2016, junio). Art. 52-57. México.

32 Ley de Fiscalización y Rendición de Cuentas de la Federación. (2016, junio). Art. 58. México.

misma Ley y dentro de los límites establecidos por el sistema de alertas que esta contempla.

- El cumplimiento de inscribir y publicar la totalidad de sus financiamientos y otras obligaciones en el registro público único establecido en la Ley de Disciplina Financiera de las Entidades Federativas y los Municipios.

Entidades fiscalizadoras locales

En términos del artículo 116, fracción II, párrafo sexto, de la Constitución Política de los Estados Unidos Mexicanos, las entidades federativas deben replicar el sistema anticorrupción en sus propios entornos mediante órganos análogos para la investigación y sanción, como lo son las entidades locales de fiscalización con autonomía técnica y de gestión. Con ello, se extiende el radio de fiscalización de los gobiernos para incluir, además del gasto federalizado, las participaciones y la deuda local.

Las legislaturas de los estados contarán con entidades estatales de fiscalización, órganos con autonomía técnica y de gestión en el ejercicio de sus atribuciones y para decidir sobre su organización interna, funcionamiento y resoluciones, en los términos que dispongan sus leyes. La función de fiscalización se desarrollará conforme a los principios de legalidad, imparcialidad y confiabilidad. Asimismo, deberán fiscalizar las acciones de estados y municipios en materia de fondos, recursos locales y deuda pública.

Fiscalización a cargo de auditorías superiores locales

La fiscalización de recursos públicos podrá realizarse por las auditorías superiores locales a través de convenios de colaboración administrativa, de conformidad con lo establecido en la fracción XIX del artículo 89 de la Ley de Fiscalización y

Rendición de Cuentas de la Federación, sin que ello se contraponga con el párrafo segundo de la fracción I del artículo 79 de la Constitución Política de los Estados Unidos Mexicanos. Esto, ya que de conformidad con el texto constitucional será la Auditoría Superior de la Federación quien tenga la facultad para celebrar convenios de colaboración administrativa con las entidades federativas a través de sus representantes, máxime que sería materialmente imposible que la Auditoría Superior de la Federación fuera el único ente público susceptible de realizar este tipo de auditorías.

Incluso, la Auditoría Superior de la Federación podrá tener acceso a la información y documentación que obre en poder de cualquier entidad fiscalizadora, como el municipio, independientemente de si la información es confidencial o no, de acuerdo con el artículo 17, fracciones XI y XII, de la Ley de Fiscalización y Rendición de Cuentas de la Federación.

Órganos encargados de fiscalizar al municipio cuando se trate de capitales relacionados con la Federación

La fiscalización municipal no está sujeta únicamente a las auditorías realizadas por órganos públicos, sino que la misma ley permite que las auditorías de fiscalización sean llevadas a cabo por particulares, siempre y cuando estos sean autorizados por la Auditoría Superior de la Federación, en términos del artículo 26 de la Ley de Fiscalización y Rendición de Cuentas de la Federación:

> **Artículo 26.** Las auditorías que se efectúen en los términos de esta Ley se practicarán por el personal expresamente comisionado para tal efecto por la Auditoría Superior de la Federación o mediante la contratación de despachos o profesionales independientes habilitados por la misma. Lo anterior, con excepción de

aquellas auditorías en las que se maneje información en materia de seguridad nacional, seguridad pública o defensa nacional, así como de aquellas investigaciones relacionadas con responsabilidades administrativas, las cuales serán realizadas directamente por la Auditoría Superior de la Federación.

En el caso de despachos o profesionales independientes, previamente a su contratación, la Auditoría Superior de la Federación deberá cerciorarse y recabar la manifestación por escrito de estos de no encontrarse en conflicto de intereses con las entidades fiscalizadas ni con la propia Auditoría.

Asimismo, los servidores públicos de la Auditoría Superior de la Federación y los despachos o profesionales independientes tendrán la obligación de abstenerse de conocer asuntos referidos a las entidades fiscalizadas en las que hubiesen prestado servicios, de cualquier índole o naturaleza, o con las que hubieran mantenido cualquier clase de relación contractual durante el periodo que abarque la revisión de que se trate, o en los casos en que tengan conflicto de interés en los términos previstos en la Ley General de Responsabilidades Administrativas.

No se podrán contratar trabajos de auditoría externos ni cualquier otro servicio relacionado con actividades de fiscalización de manera externa cuando exista parentesco por consanguinidad o afinidad hasta el cuarto grado, o parientes civiles, entre el titular de la Auditoría Superior de la Federación o cualquier mando superior de la Auditoría y los prestadores de servicios externos.

El artículo 27 de la **Ley de Fiscalización y Rendición de Cuentas de la Federación** reconoce que las personas contratadas para realizar auditorías tendrán el carácter de representantes de la Auditoría Superior de la Federación en lo concerniente a la comisión conferida.

Es importante señalar que el **Reglamento Uniforme del Proceso de Certificación por Disciplinas**, emitido por el **Instituto Mexicano de Contadores Públicos**, reconoce que los auditores deberán estar certificados, entre otras cuestiones, como:

- Profesionistas Certificados en la Disciplina de Contabilidad Gubernamental (PCCG).
- Profesionistas Certificados en la Disciplina de Contabilidad y Auditoría Gubernamental (PCCAG).
- Profesionistas Certificados en la Disciplina Fiscal (PCFI).

Excepción para contratar despachos externos y para encomendar la fiscalización a servidores públicos

La excepción para que un servidor público de la Auditoría Superior de la Federación y despachos profesionales conozcan asuntos relacionados con entes públicos se actualiza cuando este haya prestado algún servicio o mantenido cualquier tipo de relación contractual durante el periodo que abarque la revisión de que se trate, o en los casos en que exista conflicto de intereses. Asimismo, no se podrán contratar trabajos de auditoría cuando exista parentesco por consanguinidad o afinidad hasta el cuarto grado, o parientes civiles, entre el titular de la Auditoría Superior de la Federación o cualquier mando superior de la Auditoría y los prestadores de servicios externos.

Asimismo, las personas morales privadas que realicen labores de fiscalización están impedidas de llevar a cabo dicha función en los siguientes casos:

1. Auditorías en las que se maneje información en materia de seguridad nacional, seguridad pública o defensa nacional.
2. Investigaciones relacionadas con responsabilidades administrativas.

De la fiscalización superior de la deuda pública de las entidades federativas y municipios que cuenten con garantía del Gobierno Federal

La Auditoría Superior de la Federación deberá fiscalizar las garantías que, en términos de la **Ley de Disciplina Financiera de las Entidades Federativas y los Municipios**, otorgue el Gobierno Federal sobre los financiamientos y otras obligaciones contratados por los estados y municipios, así como el destino y ejercicio de los recursos correspondientes a la deuda pública contratada por dichos gobiernos estatales y municipales.

En la fiscalización de las garantías que otorgue el Gobierno Federal, la Auditoría Superior de la Federación revisará que el mecanismo jurídico empleado como fuente de pago de las obligaciones no genere gastos administrativos superiores a los costos promedio en el mercado; asimismo, quc la contratación de los empréstitos se realice bajo las mejores condiciones de mercado y que los recursos se destinen a inversión pública productiva, reestructuración o refinanciamiento.

De la fiscalización del cumplimiento de la Ley de Disciplina Financiera de las Entidades Federativas y los Municipios

La Auditoría Superior de la Federación, respecto de las reglas presupuestarias, de ejercicio y de la contratación de deuda pública, deberá fiscalizar la observancia de las reglas de disciplina financiera de acuerdo con los términos establecidos en la

Ley de Disciplina Financiera de las Entidades Federativas y los Municipios, así como la contratación de financiamientos y otras obligaciones de acuerdo con las disposiciones previstas en la misma Ley y dentro de los límites establecidos por el sistema de alertas, y el cumplimiento de inscribir y publicar la totalidad de sus financiamientos y demás obligaciones en el registro público único.

Fiscalización de aportaciones federales

Pertenecen al **Capítulo V de la Ley de Coordinación Fiscal** y se refieren a fondos de naturaleza federal que corresponden a una partida que la Federación destina para coadyuvar al fortalecimiento de los estados y municipios en actividades específicas. Se encuentran en el Presupuesto de Egresos de la Federación y son independientes de los que se destinan a los estados y municipios por concepto de participaciones federales.

El artículo 49 de la **Ley de Coordinación Fiscal** establece que la Auditoría Superior de la Federación fiscalizará, conforme al programa anual de auditoría que deberá aprobar y publicar en el Diario Oficial de la Federación, directamente los recursos federales que administren o ejerzan las entidades federativas, los municipios y las alcaldías de la Ciudad de México. Asimismo, fiscalizará directamente los recursos federales que se destinen y ejerzan por cualquier entidad, persona física o moral, pública o privada, y los transferidos a fideicomisos, mandatos, fondos o cualquier otra figura jurídica, sin perjuicio de la competencia de otras autoridades y de los derechos de los usuarios del sistema financiero.

La Auditoría Superior de la Federación revisará el origen de los recursos con los que se pagan los sueldos y salarios del personal que preste o desempeñe un servicio personal subordinado en dichos órdenes de gobierno, para determinar si fueron cubiertos con recursos federales o locales, en términos de lo dispuesto en el artículo 3-B de la Ley de Coordinación Fiscal y las disposiciones aplicables. Para tal efecto, la Auditoría Superior de la Federación determinará en su programa anual de auditorías la muestra a fiscalizar para el año correspondiente.

Los recursos federales son transferidos a las entidades federativas, municipios y demarcaciones a través de los Fondos de Aportaciones Federales, subsidios o convenios. Estos recursos permiten fortalecer su capacidad de respuesta y atender demandas de gobierno en los siguientes rubros:

I. Fondo de Aportaciones para la Educación Básica y Normal (Secretaría de Educación Pública).
II. Fondo de Aportaciones para los Servicios de Salud (Secretaría de Salud).
III. Fondo de Aportaciones para la Infraestructura Social (Secretaría de Desarrollo Social).
IV. Fondo de Aportaciones para el Fortalecimiento de los Municipios y de las Demarcaciones (Secretaría).
V. Fondo de Aportaciones Múltiples: la Secretaría de Educación Pública (infraestructura educativa) y la Secretaría de Salud (asistencia social).
VI. Fondo de Aportaciones para la Educación Tecnológica y de Adultos (Secretaría de Educación Pública).
VII. Fondo de Aportaciones para la Seguridad Pública de los Estados y del Distrito Federal (Secretaría de Gobernación).
VIII. Fondo de Aportaciones para el Fortalecimiento de las Entidades Federativas (Secretaría).

Con tales recursos, la Federación apoya a los gobiernos locales para atender las necesidades de su población, buscando además fortalecer los presupuestos de las entidades federativas y de las regiones que estas conforman.

Cuando se acrediten afectaciones a la Hacienda Pública Federal o al patrimonio de los entes públicos federales, estatales, municipales o de las alcaldías de la Ciudad de México, la Auditoría Superior de la Federación procederá a formular el pliego de observaciones correspondiente, de conformidad con el artículo 49 de la Ley de Fiscalización y Rendición de Cuentas de la Federación.

Asimismo, en los casos en que sea procedente, la unidad administrativa a cargo de las investigaciones de la Auditoría Superior de la Federación promoverá el informe de presunta responsabilidad administrativa para la imposición de las sanciones correspondientes.

Entidades susceptibles de fiscalización

En términos del **artículo 8 de la Ley de Fiscalización y Rendición de Cuentas de la Federación**, la Auditoría Superior de la Federación deberá emitir criterios relativos a la ejecución de auditorías, mismas que deberán sujetarse a las disposiciones de la Ley y publicarse en el Diario Oficial de la Federación. Pero, ¿quiénes deben acatarlas? **Los entes públicos**.

Los entes públicos que reciban transferencias de capitales provenientes de la Hacienda Pública Federal, de conformidad con las fracciones IX y XI del **artículo 4 de la Ley de Fiscalización y Rendición de Cuentas de la Federación**, son los siguientes:

> **Artículo 4.** Para efectos de esta Ley, se entenderá por:
>
> **IX. Entes públicos:** los Poderes Legislativo y Judicial; los órganos constitucionales autónomos; los órganos jurisdiccionales que no formen parte del Poder Judicial; las dependencias y entidades de la Administración Pública

Federal, y sus homólogos de las entidades federativas, los municipios y alcaldías de la Ciudad de México y sus dependencias y entidades; la Procuraduría General de la República y las fiscalías o procuradurías locales; las empresas productivas del Estado y sus subsidiarias; así como cualquier otro ente sobre el que tenga control sobre sus decisiones o acciones cualquiera de los poderes y órganos públicos citados.

XI. Entidades fiscalizadas: los entes públicos; las entidades de interés público distintas a los partidos políticos; los mandantes, mandatarios, fideicomitentes, fiduciarios, fideicomisarios o cualquier otra figura jurídica análoga; así como los mandatos, fondos o fideicomisos, públicos o privados, cuando hayan recibido por cualquier título recursos públicos federales o participaciones federales, no obstante que sean o no considerados entidades paraestatales por la Ley Federal de las Entidades Paraestatales y aun cuando pertenezcan al sector privado o social; y, en general, cualquier entidad, persona física o moral, pública o privada, que haya captado, recaudado, administrado, manejado, ejercido, cobrado o recibido en pago, directa o indirectamente, recursos públicos federales o participaciones federales, incluidas aquellas personas morales de derecho privado que tengan autorización para expedir recibos deducibles de impuestos por donaciones destinadas al cumplimiento de sus fines.

Sanciones por no coadyuvar con la investigación

La Auditoría Superior de la Federación cuenta con facultades para imponer multas por no proporcionar información y documentación, de conformidad con los artículos 10 y 11 de la **Ley de Fiscalización y Rendición de Cuentas de la Federación**.

Información reservada

La Auditoría Superior de la Federación tendrá acceso a la información que las disposiciones legales consideren como de carácter reservado o confidencial cuando esté relacionada directamente con la captación, recaudación, administración, manejo, custodia, ejercicio y aplicación de los ingresos y egresos federales, así como con la deuda pública. Estará obligada a mantener la misma reserva en términos de las disposiciones aplicables.

Dicha información solamente podrá ser solicitada, en los términos de las disposiciones correspondientes, de manera indelegable por el Titular de la Auditoría y los auditores especiales a que se refiere esta Ley.[33]

Cuando, derivado de la práctica de auditorías, se entregue a la Auditoría Superior de la Federación información de carácter reservado o confidencial, ésta deberá garantizar que no se incorpore en los resultados, observaciones, recomendaciones y acciones de los informes de auditoría respectivos, información o datos que tengan esta característica en términos de la legislación aplicable. Dicha información será conservada por la Auditoría Superior de la Federación en sus documentos de trabajo y solo podrá ser revelada a la autoridad competente, en términos de las disposiciones correspondientes.

El incumplimiento a lo dispuesto en esta fracción será motivo del fincamiento de las responsabilidades administrativas y penales establecidas en las leyes aplicables.

33 Ley de Fiscalización y Rendición de Cuentas de la Federación. (2016, julio). Art. 17. México.

XII. Fiscalizar los recursos públicos federales que la Federación haya otorgado a entidades federativas, municipios y alcaldías de la Ciudad de México, fideicomisos, fondos, mandatos o cualquier otra figura análoga, personas físicas o morales, públicas o privadas, cualesquiera que sean sus fines y destino, así como verificar su aplicación al objeto autorizado.

De lo anterior se desprende que la Auditoría Superior de la Federación tiene la facultad de realizar una fiscalización de forma directa, y las autoridades fiscalizadoras locales únicamente sobre **fondos, recursos locales y deuda pública**. Sin embargo, ello no es impedimento para que ambas autoridades puedan celebrar convenios de colaboración administrativa.

Informe de presunta responsabilidad administrativa

La Auditoría Superior de la Federación podrá promover, en cualquier momento en que cuente con los elementos necesarios, el informe de presunta responsabilidad administrativa ante el Tribunal; así como la denuncia de hechos ante la Fiscalía Especializada, la denuncia de juicio político ante la Cámara o los informes de presunta responsabilidad administrativa ante el órgano interno de control competente.

II. Control interno de la Administración Pública Centralizada

El control interno en México se lleva a cabo **durante y después** de realizada la gestión gubernamental. En el caso del Poder Ejecutivo, es la **Secretaría Anticorrupción y Buen Gobierno** quien coordina esta tarea a través de los Órganos Internos de Control de las respectivas dependencias.

En efecto, de conformidad con la fracción XXI del artículo 3 de la **Ley General de Responsabilidades Administrativas**, los órganos internos de control resultan ser las unidades administrativas a cargo de promover, evaluar y fortalecer el buen funcionamiento del control interno en los entes públicos, así como aquellas otras instancias de los órganos constitucionales autónomos que, conforme a sus respectivas leyes, sean competentes para aplicar las leyes en materia de responsabilidades de los servidores públicos.[34]

Para el cumplimiento de sus atribuciones, las autoridades investigadoras (Órganos Internos de Control) llevarán de oficio las auditorías o investigaciones debidamente fundadas y motivadas respecto de las conductas de los servidores públicos y particulares que puedan constituir responsabilidades administrativas en el ámbito de su competencia.[35]

Para efectos de la investigación o auditorías, las autoridades investigadoras tendrán acceso a la información necesaria para el esclarecimiento de los hechos, con inclusión de aquella que las disposiciones legales en la materia consideren con carácter reservado o confidencial, con la obligación de mantener la misma reserva o secrecía, conforme a lo que determinen las leyes.

En consecuencia, las personas físicas o morales, públicas o privadas, que sean sujetos de investigación por presuntas irregularidades cometidas en el ejercicio de sus funciones, deberán atender los requerimientos que, debidamente fundados y motivados, les formulen las autoridades investigadoras, en un plazo de cinco a quince días para su atención, sin perjuicio de que

---

34 Ley General de Responsabilidades Administrativas. (2016, julio). Art. 3. México.

35 Ley General de Responsabilidades Administrativas. (2016, julio). Art. 94. México.

pueda ampliarse por causas justificadas, cuando así lo solicite el interesado.[36]

Idéntica situación ocurre con los requerimientos formulados a los **entes públicos**, quienes también podrán solicitar una extensión en el plazo para formular su respuesta ante los requerimientos de la autoridad investigadora.

Estas unidades administrativas coadyuvarán con el Ministerio Público en la investigación y en el proceso penal ante el Juez de Control y el Tribunal de Enjuiciamiento. Además, podrán fungir como asesores jurídicos de la dependencia o ente de la Administración Pública, en términos del Código Nacional de Procedimientos Penales, tal y como lo dispone el artículo 42 de la Ley General de Responsabilidades Administrativas.[37]

Ahora bien, en caso de que las personas físicas o morales, o las autoridades investigadas, se negaren a proporcionar la información o documentación, o, en su defecto, obstruyeren la investigación, la autoridad investigadora podrá multar al infractor, solicitar el auxilio de la fuerza pública de cualquier orden de gobierno o, en su caso, decretar arresto hasta por treinta y seis horas.

Concluidas las diligencias de investigación, las autoridades investigadoras procederán al análisis de los hechos, así como de la información recabada, a efecto de determinar la existencia o inexistencia de actos u omisiones que la ley señale como faltas administrativas y, en su caso, calificarlas como graves o no grave.[38]

Una vez calificada la conducta, se incluirá en el informe de presunta responsabilidad administrativa y se presentará ante la

36 Ley General de Responsabilidades Administrativas. (2016, julio). Arts. 95 y 96. México.

37 Código Nacional de Procedimientos Penales. (2014, marzo). Art. 42. México.

38 Ley General de Responsabilidades Administrativas. (2016, julio). Art. 100. México.

autoridad sustanciadora, a efecto de emitir el acuerdo que admita dicho informe y, con ello, se dará inicio al procedimiento de responsabilidades administrativas.

Si no existieren elementos suficientes, se emitirá el acuerdo de conclusión y archivo, sin perjuicio de que la investigación pueda reabrirse, siempre que no se haya actualizado la prescripción de las facultades punitivas de la autoridad.

La abstención para iniciar el procedimiento de responsabilidad se actualiza cuando la autoridad sustanciadora advierte que no existe un daño o perjuicio a la Hacienda Pública federal, local o municipal, o al patrimonio de los entes públicos; o, en su defecto, cuando la actuación del servidor público sea subsanable, o razonadamente se trate de una cuestión de criterio o arbitrio opinable o debatible, en la que válidamente puedan sustentarse diversas soluciones, siempre que no exista desviación de la legalidad.[39]

III. Denuncia

¿Quiénes pueden formular una denuncia?

Para efectos del artículo 59 de la Ley de Fiscalización y Rendición de Cuentas de la Federación, cualquier persona podrá presentar denuncias cuando se presuma el manejo, la aplicación o la custodia irregular de recursos públicos federales, o bien, su desvío.

Estas denuncias podrán formularse ante la Cámara de Diputados, la Comisión o directamente ante la Auditoría Superior de la Federación.[40]

---

39 Ley General de Responsabilidades Administrativas. (2016, julio). Art. 101. México.

40 Ley de Fiscalización y Rendición de Cuentas de la Federación. (2016, julio). Art. 59. México.

Las denuncias que se presenten deberán estar fundadas en documentos y evidencias mediante los cuales se presuma el manejo, la aplicación o la custodia irregular de recursos públicos, o su desvío, en los supuestos establecidos en esta ley. Asimismo, las denuncias deberán referirse a presuntos daños o perjuicios a la Hacienda Pública Federal o al patrimonio de los entes públicos.

La Auditoría Superior de la Federación informará al denunciante la resolución que tome sobre la procedencia de iniciar la revisión correspondiente.

En términos del artículo 110 de la Ley de Fiscalización y Rendición de Cuentas de la Federación, será la Comisión de Vigilancia de la Auditoría Superior de la Federación de la Cámara quien reciba peticiones, propuestas, solicitudes y denuncias fundadas y motivadas por la sociedad civil, las cuales podrán ser consideradas por la Auditoría Superior de la Federación en el programa anual de auditorías y cuyos resultados deberán reflejarse en los informes individuales y, en su caso, en el Informe General. Dichas propuestas también podrán presentarse por conducto del Comité de Participación Ciudadana, al que se refiere la Ley General del Sistema Nacional Anticorrupción, debiendo el Auditor Superior de la Federación informar tanto a la Comisión como a dicho Comité sobre las determinaciones que se tomen en relación con las propuestas vinculadas al programa anual de auditorías.

Por su parte, la fracción III del artículo 10 de la Ley General de Responsabilidades Administrativas faculta a los Órganos Internos de Control para presentar denuncias por hechos que las leyes señalan como delitos ante la Fiscalía Especializada en Combate a la Corrupción, o, en su caso, ante sus homólogos en el ámbito local.[41]

---

41 Ley General de Responsabilidades Administrativas. (2016, julio). Art. 10. México.

Respecto a la Ley General de Responsabilidades Administrativas, las denuncias podrán ser anónimas y deberán presentarse en áreas de fácil acceso, de modo que cualquier interesado pueda formularlas por presuntas faltas administrativas.[42]

La denuncia deberá contener los datos o indicios que permitan advertir la presunta responsabilidad administrativa por la comisión de faltas administrativas, y podrá ser presentada de manera electrónica a través de los mecanismos que, para tal efecto, establezcan las autoridades investigadoras; lo anterior, sin menoscabo de la plataforma digital que determine, para tal fin, el Sistema Nacional Anticorrupción.

Cuando corresponda al incremento patrimonial de algún funcionario público, las secretarías y los órganos internos de control, según corresponda, tendrán la potestad de formular denuncias ante el Ministerio Público cuando no se justifique la procedencia lícita del incremento de sus bienes, o de aquellos con los que se conduzca como dueño durante el tiempo de su empleo, cargo o comisión.

La fracción V del artículo 49 de la Ley General del Sistema Nacional Anticorrupción establece que la Plataforma Digital Nacional del Sistema estará conformada por un sistema de denuncias públicas de faltas administrativas y hechos de corrupción.[43]

Existen diversos medios por los cuales las personas podemos formular denuncias en contra de servidores públicos, incluso resguardando nuestra identidad, lo cual permite el ejercicio de las facultades de las autoridades investigadoras en el procedimiento de responsabilidad administrativa.

---

42 Ley General de Responsabilidades Administrativas. (2016, julio). Arts. 91 y 92. México.

43 Ley General de Responsabilidades Administrativas. (2016, julio). Art. 49. México.

¿Qué se pretende descubrir con las auditorías, denuncias y ejercicio de facultades de las autoridades investigadoras?

Se pretende descubrir los actos u omisiones de los servidores públicos y particulares que constituyan:

- Responsabilidad Política.[44]
- Responsabilidad Penal.[45]
- Responsabilidad Civil.[46]
- Responsabilidad administrativa.[47]

Faltas no graves

Entre ellas se encuentran las siguientes, previstas en el artículo 75 de la *Ley General de Responsabilidades Administrativas.*[48]

- Omisión de cumplir con las funciones, atribuciones y comisiones encomendadas.
- Omisión de colaborar en los procedimientos judiciales y administrativos en los que sea parte.
- Omisión de cerciorarse, antes de la celebración de contratos, de que no se actualice un conflicto de interés.
- Realizar propaganda gubernamental con recursos públicos que constituya promoción personalizada de cualquier servidor público.

---

44 Constitución Política de los Estados Unidos Mexicanos. (1917). Arts. 109 y 110. México.

45 Constitución Política de los Estados Unidos Mexicanos. (1917). Art. 109, fracción VIII. México.

46 Constitución Política de los Estados Unidos Mexicanos. (1917). Art. 111. México.

47 Constitución Política de los Estados Unidos Mexicanos. (1917). Arts. 79, fracciones III y IV. México.

48 Ley General de Responsabilidades Administrativas. (2016, julio). Art. 75. México.

Faltas graves

Establecidas en los artículos 52, 53, 54, 55, 57, 58, 59, 60, 61, 62 y 63 de la *Ley General de Responsabilidades Administrativas*:

- Cohecho.
- Peculado.
- Desvío de recursos públicos.
- Utilización indebida de información.
- Abuso de funciones.
- Conflicto de intereses.
- Contratación indebida.
- Enriquecimiento oculto.
- Tráfico de influencias.
- Encubrimiento.
- Desacato. [49]

Faltas administrativas de los particulares

Establecidas en el artículo 65 de la *Ley General de Responsabilidades Administrativas*:

- Soborno.
- Participación ilícita.
- Tráfico de influencias.
- Uso de información falsa.
- Obstrucción a las facultades de investigación.
- Colusión.
- Uso indebido de recursos públicos.
- Contratación indebida de exservidores públicos.

---

49 Ley General de Responsabilidades Administrativas. (2016, julio). Arts. 52-63. México.

Faltas de particulares en situación especial

Establecidas en el artículo 73 de la *Ley General de Responsabilidades Administrativas*:

Se refieren específicamente a los candidatos o aspirantes a ocupar cargos de elección popular, los miembros de campaña electoral o de transición, y los líderes de sindicatos del sector público.[50]

Responsabilidad penal

La **responsabilidad penal** es aquella que el constituyente considera de mayor gravedad, pues tiene un impacto superior al trastocar los valores más elementales de la sociedad; por ello, se establecen sanciones de efectos más severos.

a. La sanción es **corporal**, consistente en la privación de la libertad (facultad punitiva).
b. El *ius puniendi* se divide en penal y administrativo. En ambos casos el Estado tiene la facultad de imponer sanciones: en el ámbito penal se denominan *delitos*, cuya consecuencia es una pena privativa de libertad; en el ámbito administrativo se denominan *faltas* o *infracciones*, cuya consecuencia es una sanción que no priva de la libertad.
c. Se encuentra regulada en el artículo 109, fracción II, de la Constitución Política de los Estados Unidos Mexicanos.

Si la corrupción es una enfermedad, la transparencia es una parte medular de su tratamiento.
Kofi Annan

50 Ley General de Responsabilidades Administrativas. (2016, julio). Art. 73. México.

Área de oportunidad II

Para **detectar actos de corrupción**, en un verdadero Sistema Nacional Anticorrupción debería ordenarse como facultad reglada —es decir, una actividad obligatoria para las autoridades— que la **Unidad de Inteligencia Financiera (UIF)** audite a los servidores públicos y a los aspirantes a ocupar cargos públicos, con el fin de comprobar que el origen de sus recursos sea lícito, que no estén relacionados con el crimen organizado y que su gasto sea congruente con su estilo de vida.

Este control debería aplicarse, entre otros, a:

1. Representantes de elección popular y aspirantes.
2. Aspirantes a cargos de primer nivel en la Administración Pública Federal centralizada o del entonces Distrito Federal, así como en organismos descentralizados, empresas de participación estatal mayoritaria, fideicomisos públicos, empresas productivas del Estado, órganos constitucionales autónomos, el Congreso de la Unión y el Poder Judicial Federal que administren, manejen, custodien o ejerzan recursos públicos.
3. Titulares de los órganos jurisdiccionales del Poder Judicial de la Federación y de los estados, así como de tribunales administrativos, laborales, agrarios y electorales de la Federación y de los estados, así como los aspirantes.
4. Aspirantes a cargos de primer nivel en la Administración Pública estatal, incluidos organismos descentralizados, empresas de participación estatal, fideicomisos, congresos locales y poderes judiciales estatales que manejen recursos públicos.

5. Aspirantes a cargos de primer nivel en los ayuntamientos que recauden, administren o ejerzan recursos públicos.

Paralelamente, se debería ordenar como **segunda auditoría** la realizada por el **Servicio de Administración Tributaria (SAT)** —y sus homólogos en los estados—, para comprobar si los aspirantes contribuyen al gasto público, en términos de la fracción IV del artículo 31 de la Constitución.

De este modo, se evitaría que personas cuyos ingresos sean desconocidos o que no paguen impuestos puedan ocupar cargos públicos, reduciendo el riesgo de que se trate de individuos vinculados con el crimen organizado o carentes de probidad fiscal.

Procedimientos ante irregularidades

- **Inconsistencias subsanables.** El servidor público podrá corregir su situación fiscal o jurídica.
- **Nexos con el crimen organizado o recursos de origen ilícito.** Deberá iniciarse un procedimiento de responsabilidad, con suspensión inmediata del empleo, cargo o comisión, y posterior inhabilitación para ocupar puestos públicos en cualquiera de los tres niveles de gobierno.
- Para ello, será necesario armonizar la **Ley General de Instituciones y Procedimientos Electorales** con la Ley General de Responsabilidades Administrativas, a fin de impedir que participen en elecciones personas sin solvencia fiscal ni claridad en el origen de sus recursos.

Uso de auditorías financieras

Las auditorías de la **UIF** y del **SAT** proporcionarían información clave sobre el origen de ingresos y la conformación patrimonial de los aspirantes. Esta información debería ser comparada por las **autoridades investigadoras (órganos internos de control)** con las declaraciones patrimoniales iniciales, de evolución y de conclusión de los servidores públicos, a fin de identificar aumentos patrimoniales injustificados.

Un verdadero Sistema Nacional Anticorrupción debería suspender o impedir el acceso a cargos públicos a quienes:

- Se nieguen a proporcionar información a las autoridades investigadoras.
- Interpongan recursos legales solo para obstaculizar la fiscalización de la UIF y del SAT.

Requisitos mínimos del ciudadano para servir al Estado

La participación en la administración pública debe estar reservada a quienes:

- Cumplan con el pago de impuestos.
- No tengan vínculos con el **crimen organizado**.
- El incumplimiento de estos mínimos debe bastar para excluir al individuo de la función pública.

Casos comprobados de servidores públicos mexicanos vinculados al crimen organizado.

En México tenemos varios ejemplos de servidores públicos que se han involucrado con el crimen organizado como Jesús Gutiérrez Rebollo, Tomas Yarrington Ruvalcaba, Julio César Godoy Toscano o Genaro García Luna, por mencionar algunos. Este último fue el propio secretario de Seguridad Pública Federal (2006-2012), sin embargo, fue condenado en Estados Unidos por aceptar millones de dólares del Cártel de Sinaloa a cambio de protección, así como por delincuencia organizada, conspiración para traficar cocaína, recibir sobornos, filtrar información y permitir el paso seguro de cargamentos de droga.

¿Cómo se comprobó que recibió dinero?

1. Testimonios de miembros del cártel

    - Durante el juicio de Joaquín «El Chapo» Guzmán en 2018, Ismael «El Mayo» Zambada y/o sus asociados declararon que le entregaron a García Luna, en al menos dos ocasiones, maletas con millones de dólares en efectivo.

2. Investigaciones de la DEA (Agencia Antidrogas de EE. UU.)

    - Las investigaciones de las autoridades arrojaron evidencia desde hace muchos años sobre su colaboración con el Cártel de Sinaloa. Intercepciones, registros financieros y otros informes apuntaban a que había una alianza encubierta.
    - En su sentencia se mencionó que: «aceptó millones de dólares en sobornos» a cambio de permitir que cargamentos de cocaína cruzaran con menor riesgo, dar información sensible y ayudar al cartel a evadir detenciones.

3. Juicio en EE. UU. y Convicción

    - En febrero de 2023, un jurado federal en Brooklyn encontró a García Luna culpable de los cinco cargos que se le imputaban.

- En octubre de 2024 fue sentenciado a 38 años de prisión.

4. Evidencia financiera y de comportamiento patrimonial

   - Parte de la acusación señala que vivió con base en recursos que no se justificaban con su salario como funcionario público; había propiedades lujosas, inmuebles, un estilo de vida que levantaba sospechas.
   - También en acciones civiles se le ha demandado para recuperar bienes o activos que el gobierno acusa de haber sido adquiridos con fondos ilícitos.

«Los representantes del pueblo»

Para erradicar la corrupción, se debe empezar por diputados y senadores, quienes solicitan el voto ciudadano, pero rara vez regresan a las comunidades más pobres para rendir cuentas o agradecer la confianza recibida. Ello plantea una nueva área de oportunidad, orientada a reforzar la rendición de cuentas y la supervisión estricta de quienes, en teoría, representan a la ciudadanía.

¿No te resulta curioso que sean los propios diputados quienes se encuentren exentos de auditorías, investigaciones, sanciones y sujetos a la revocación de mandato? Esto ocurre en virtud de que ellos mismos imponen las reglas del juego. La razón es que la autoridad encargada de fiscalizar el uso de recursos públicos es la Auditoría Superior de la Federación, un órgano técnico de fiscalización dependiente de la Cámara de Diputados. Esta situación genera un conflicto de intereses, pues la propia Cámara regula el presupuesto de la Auditoría; en consecuencia, si dicho ente público pretende realizar cualquier acto en contra del poder legislativo o de alguno de sus integrantes, ese «atrevimiento» tendrá consecuencias políticas y económicas contra el órgano técnico.

En efecto, respecto a los recursos públicos que erogan los «representantes del pueblo», conviene señalar que el artículo 79 constitucional establece que será la propia Auditoría Superior de la Federación quien fiscalice el gasto que realizan nuestros legisladores en insumos técnicos, apoyos para gestión, transporte, hospedaje, contratación de personal, seguros de vida institucional, seguros de gastos médicos mayores y gastos operativos, entre otros. Sin embargo, la realidad demuestra que nunca se han realizado auditorías a los legisladores mientras se encuentran en funciones, y mucho menos procedimientos o sanciones por el uso indebido de recursos públicos.

Ahora bien, aun si la Auditoría Superior de la Federación pudiera fiscalizar libremente a los legisladores, sería igualmente imposible castigarlos en caso de descubrir un delito o acto de corrupción. Ello se debe a que los legisladores cuentan con fuero político, previsto en los artículos 61 y 111 de la Constitución Política de los Estados Unidos Mexicanos, lo cual los convierte en figuras prácticamente inmunes a cualquier responsabilidad.

En efecto, nuestros representantes gozan de un auditor que ellos mismos designan y, además, de una inmunidad constitucional que propicia la impunidad. Este beneficio no lo disfrutan por su persona, sino por la investidura de la autoridad que ostentan. Como señala Jesús Martínez Garnelo en su libro *Antología de las responsabilidades administrativas*, la finalidad del fuero constitucional estriba en mantener el equilibrio entre los poderes del Estado, garantizando el funcionamiento normal del Gobierno Constitucional. Así, los diputados tienen la facultad de no comparecer ante cualquier jurisdicción sin previa declaración de la Cámara a la que pertenecen. En consecuencia, el fuero impide que la asamblea sea privada de uno de sus miembros por intervención de una jurisdicción extraña, sin que esto implique que sus miembros gocen de una «inmunidad absoluta», sino que las jurisdicciones ajenas a la asamblea están obligadas a esperar la autorización para poder juzgar a uno de sus miembros.[51]

Acertadamente, señala el autor, será indigno e inmoral que un legislador desempeñe un empleo, cargo o comisión, a pesar de incurrir en actos de corrupción, por el simple hecho de contar con fuero político: una protección muy propia de la nobleza, que desvirtúa la igualdad entre los hombres.[52]

No debemos caer en el engaño de que el fuero dota de independencia y libertad a los legisladores en el ejercicio de sus encargos o comisiones por sus opiniones, declaraciones o votos emitidos dentro de los recintos legislativos, ya que esa protección se encuentra consagrada en los artículos 6.° y 61 de la Constitución Política de los Estados Unidos Mexicanos, los cuales reconocen, respectivamente, que «... la manifestación de ideas no será objeto de ninguna inquisición judicial o administrativa...», y que «... los diputados y senadores son inviolables por las opiniones que manifiestan en el desempeño de sus funciones y jamás podrán ser reconvenidos por ellas...». De ahí que la inmunidad con la que cuentan los legisladores únicamente sea una vía para la impunidad. [53]

En un verdadero Sistema Nacional Anticorrupción no existiría fuero constitucional para «proteger» la libertad de expresión, ya que esta se encuentra consagrada en el artículo 6.° constitucional, y tampoco se requeriría de un fuero para «proteger» a un miembro de la asamblea (Legislativo), pues en un verdadero Estado de derecho nadie está por encima de la ley.

51 Martínez Garnelo, J. (2008). *Antología de las responsabilidades administrativas* (p. 328). México: Editorial Flores Editor.

52 Martínez Garnelo, J. (2008). *Antología de las responsabilidades administrativas* (p. 331). México: Editorial Flores Editor.

53 Constitución Política de los Estados Unidos Mexicanos. (1917). Art. 6. México.

Como podemos advertir, el fuero constitucional se contrapone con el contenido del artículo 12 de la Constitución Política de los Estados Unidos Mexicanos, el cual prohíbe la concesión de títulos de nobleza o prerrogativas (privilegios). Es el caso que nuestros legisladores, al contar con fuero político, resultan ser personajes con protección digna de la monarquía, lo cual constituye un verdadero absurdo en un supuesto Estado democrático en donde todos somos iguales ante la ley, pues fomenta el delito y la impunidad.[54]

Para cambiar ese panorama, resulta necesario considerar el comentario de Baltazar Pahuamba Rosas en su libro «El derecho humano a la rendición de cuentas objetiva y uso debido de los recursos públicos», en donde argumenta que la Auditoría Superior de la Federación no debe seguir siendo un órgano técnico de fiscalización de la Cámara de Diputados, sino un órgano constitucional autónomo.[55]

> El diseño en este tipo de rendición de cuentas debe ser muy cuidadoso, porque el ente fiscalizador (que forma parte de la estructura del Estado) debe tener plena autonomía del resto de los poderes, ya que, si está supeditado a alguno de ellos (como es el caso de México, donde la Auditoría Superior de la Federación es un órgano del Poder Legislativo), simplemente no podrá llevar a cabo una fiscalización objetiva. Y, por otro lado, tampoco el ente al que está supeditado le rendirá cuentas de manera objetiva. ¿Acaso esto implica que en la rendición de cuentas horizontal el órgano fiscalizador

54 Constitución Política de los Estados Unidos Mexicanos. (1917). Art. 12. México.

55 Pahuamba Rosas, B. (2021). *El derecho humano a la rendición de cuentas objetiva y uso debido de los recursos públicos* (pp. 90-91). Editorial Espress.

> debe ser superior a los demás órganos del Estado para ejercer adecuadamente su función? La respuesta a esta cuestión es no, porque debe haber un equilibrio entre poderes y eso implica que no puede haber una estructura o una institución por encima de las demás; mucho menos de las tres funciones principales del Estado, que son la ejecutiva, la legislativa y la judicial. Sin embargo, lo que sí debe haber es autonomía técnica, de gestión y financiera de los entes fiscalizadores, lo cual se logra **construyendo un órgano constitucional autónomo**, de lo contrario, estará supeditado a los intereses de quien depende económicamente, lo que haría perder la eficacia y la eficiencia de su labor, porque incluso el ente fiscalizador podría concretarse solo a una cacería de brujas... (énfasis añadido).

Si la Auditoría Superior de la Federación se constituyera como un órgano constitucional autónomo que fiscalizara a los tres poderes (ejecutivo, legislativo y judicial), obtendría una protección constitucional, de manera que cualquier poder público estaría impedido para interferir o influir en sus funciones, de conformidad con el artículo 49 de la Constitución Política de los Estados Unidos Mexicanos. Ello le permitiría realizar auditorías e investigaciones a cualquier servidor público, incluso al Ejecutivo, o, en su defecto, auditar el presupuesto asignado a las fracciones parlamentarias del Congreso de la Unión (los cuales no se auditan y, mucho menos, se da a conocer en qué se emplean).[56]

El Sistema Anticorrupción de Singapur es un modelo a seguir en el mundo. Es tan avanzado que la Corrupt Practices

---

56 Constitución Política de los Estados Unidos Mexicanos. (1917). Art. 49. México.

Investigation Bureau (CPIB) de ese país tiene la facultad de realizar arrestos en casos relacionados con corrupción, incluso sin orden judicial previa, siempre que existan pruebas razonables que lo justifiquen, tanto en el sector público como en el privado.

Después del arresto, el CPIB cuenta con la facultad de interrogar a los sospechosos y recopilar pruebas adicionales, como registros bancarios, documentos financieros o comunicaciones relevantes. Obviamente, los detenidos tienen derecho a un juicio justo y las investigaciones del CPIB suelen estar acompañadas de un escrutinio riguroso para garantizar la integridad del proceso. En algunos casos, el CPIB trabaja junto con la policía de Singapur o con el fiscal general para llevar a cabo los arrestos, especialmente cuando el caso es complejo o involucra múltiples delitos, como lavado de dinero o conspiración.

Como puede observarse, dicha autoridad cuenta con facultades amplias para actuar de manera contundente en contra de la corrupción y así evitar la impunidad, lo que refuerza la percepción de que en Singapur nadie está por encima de la ley. Precisamente esa facultad para realizar arrestos a servidores públicos o personas privadas vinculadas contribuye a la disuasión efectiva de actos corruptos.

En un verdadero Sistema Nacional Anticorrupción, México tendría un organismo constitucional autónomo con «tolerancia cero» contra la corrupción, con facultades tan amplias como para realizar arrestos en contra de servidores públicos corruptos; una institución que sirva de límite a los tres poderes y que resulte totalmente inalcanzable económica, política y jurídicamente.

El que no vive para servir, no sirve para vivir.
RABINDRANATH TAGORE

Uso de tecnología para fiscalizar

Un verdadero Sistema Nacional Anticorrupción contaría con la tecnología de reconocimiento facial. Esto permitiría identificar la asistencia de servidores públicos en eventos deportivos o musicales como el Mundial de Fútbol, la Champions League, el Super Bowl, el PGA Championship, la Fórmula 1, Wimbledon o los Juegos Olímpicos, por mencionar algunos. Incluso sería posible detectar su presencia en aeropuertos o cruces fronterizos, con el objeto de conocer en tiempo real si salen del país y si resulta procedente iniciar una investigación.

Definitivamente, no es ilegal asistir a eventos deportivos, culturales o de esparcimiento; sin embargo, lo que resulta contrario a derecho es hacerlo con recursos del Estado. Por ello, debe establecerse como facultad reglada de los servidores públicos informar a los Órganos Internos de Control sobre su asistencia a dichos eventos, identificando incluso los asientos en los que se encontrarán, previa comprobación de que la adquisición de esos boletos se realizó con recursos propios. En el supuesto de que dichos boletos fueran una donación, se deberá informar y comprobar el origen de los recursos utilizados para su adquisición. Lo mismo aplicaría respecto a sus viajes al extranjero.

La conveniencia de contar con este tipo de tecnología facilitaría la investigación y los procedimientos de responsabilidad administrativa, máxime que podría integrarse fácilmente a sistemas operativos ya existentes. Incluso se dispondría de información en tiempo real sobre actos de corrupción y delitos contra la administración pública.

En esa misma línea, se podrían celebrar convenios de colaboración con otros países, con el objeto de que en sus sistemas de seguridad se incluya la información de servidores públicos mexicanos y se facilite su localización en el extranjero, ya sea en aeropuertos, cruceros, estaciones de tren o autobuses.

Resulta también fundamental la búsqueda en redes sociales de servidores públicos con el fin de detectar posibles actos de corrupción. ¿Cuántos servidores públicos viajan con recursos públicos a lugares tan exóticos que solo un millonario podría costear?

No debe olvidarse que son los propios servidores públicos quienes voluntariamente eligieron o se postularon para ocupar un cargo «público». Es decir, sus labores, funciones e incluso ciertos aspectos de su vida privada que pudieran estar vinculados con el desempeño de su encargo se encuentran sujetos a un mayor escrutinio social, pues esa información es de interés para la comunidad, tanto por el tipo de tareas desempeñadas en el ejercicio de su gestión como por el uso de los recursos públicos administrados en beneficio colectivo.

Así lo considera la tesis con registro 2020036, intitulada: *Servidores públicos. Tienen un derecho a la privacidad menos extenso que el del resto de la sociedad en relación con las actividades vinculadas con su función.*[57]

Esta misma tecnología se podría implementar en las oficinas de gobierno para conocer, en tiempo real, las horas que los servidores públicos permanecen en sus escritorios desempeñando las funciones encomendadas, siempre respetando las reglas de privacidad. Es decir, no se utilizaría en baños, áreas de descanso ni incluiría audio.

57 Suprema Corte de Justicia de la Nación. (s. f.). *Tesis: 2020036*. https://sjf2.scjn.gob.mx/detalle/tesis/2020036

Esta tecnología se denomina *machine vision* y requiere algoritmos complejos entrenados con grandes bases de datos, capaces de reconocer objetos, personas, patrones o situaciones en imágenes o videos.[58]

> *Si no peleas para acabar con la corrupción y la podredumbre, acabarás formando parte de ella.*
>
> Joan Báez

Auditoría interna

Como hemos analizado, es necesaria la intervención del Estado para regular la actividad del propio Estado. Sin embargo, en la práctica hemos descubierto que resulta insuficiente lograr el objetivo de prevenir, detectar y erradicar la corrupción, pues se requiere plena convicción del auditor para encontrar el acto contrario a derecho y exhibirlo a la población. Es decir, se reconoce el trabajo agotador y monumental que realizan los auditores, contadores, abogados y demás especialistas que participan en la fiscalización, auditoría e investigación de los actos de corrupción.

Pero mi comentario va encaminado a otro aspecto más allá. Es decir, ¿qué ocurriría si, para efectos del control interno, las personas que perdieron las elecciones federales, estatales y municipales realizaran auditorías o investigaciones al gobierno que ganó las elecciones? Es decir, ¿qué ocurriría si el candidato que no lograra conseguir la mayoría de los votos no tuviera que dejar la administración pública, sino que su futuro se encontrara en la titularidad de la Secretaría Anticorrupción y Buen Gobierno (auditoría interna) y sus homólogos en los estados?

¿No sería un meticuloso fiscalizador de la administración, resguardo y aplicación de recursos públicos, bienes o servicios

58 Villarreal, P. (2024). *Inteligencia artificial* (pp. 55-56). Editorial Ariel.

respecto del fin para el cual son destinados el candidato que no ganó las elecciones? Esa «recompensa simbólica» le daría herramientas suficientes para hacer una labor de investigación y para exponer, por convicción propia, todos y cada uno de los actos de corrupción del gobierno en turno. Y no solo eso, sino que tendría la experiencia para evitar «errores» en caso de que decidiera participar en las futuras elecciones y ser parte de la siguiente administración.

Esta propuesta para que los candidatos que hayan obtenido el segundo lugar puedan ocupar cargos públicos en dentro de las autoridades fiscalizadoras, aplica para la auditoría interna como para la auditoría externa, pues en la Auditoría Superior de la Federación se requiere de una voluntad férrea para perseguir actos de corrupción.

Regresando a la auditoría interna, es dable mencionar que cada uno de los órganos internos de control de la administración pública tendrá un titular que pertenecerá al partido que obtuvo el segundo lugar en votaciones. Pues no basta con la existencia de leyes e instituciones para combatir la corrupción si, en la voluntad de las personas, no está el ánimo de exhibirla; máxime si tomamos en consideración que, a la fecha, los titulares de las autoridades investigadoras forman parte de la administración pública centralizada, es decir, deben rendir cuentas a los jefes, quienes dependen del Ejecutivo.

Este contrapeso político será un límite administrativo al propio poder ejecutivo desde su misma esencia, y provocaría que su contraparte fiscalice permanentemente y por voluntad propia la administración de los recursos públicos.

Lo que no se mide, no se puede mejorar.
Lo que no se mejora, se degrada siempre.
WILLIAM THOMSON KELVIN

Respecto a la tecnología, ¿no te has preguntado por qué las autoridades que pertenecen al Sistema Nacional de Fiscalización pueden solicitar información fiscal, bursátil, fiduciaria, administrativa y de inversión, pero difícilmente requieren información tecnológica, virtual o de propiedad industrial o intelectual?

En efecto, ya hemos visto que cada día la tecnología ocupa espacios más importantes en nuestras vidas, incluso en el monetario. Y, por otro lado, también vemos que los servidores públicos ocupan todos los medios y herramientas que tienen a su alcance para enriquecerse, como las criptomonedas, las cuales no están totalmente reguladas. Entonces, ¿por qué no crear una unidad administrativa dentro de la Auditoría Superior de la Federación que se dedique a investigar el aumento de patrimonio de los servidores públicos por esta vía (electrónica o digital)? Máxime si los párrafos primero y último del artículo 30 de la *Ley para regular las instituciones de tecnología financiera* reconocen a las criptomonedas como «activos virtuales»:[59]

> **Artículo 30.** Para efectos de la presente ley, se considera *activo virtual* la representación de valor registrada electrónicamente y utilizada entre el público como medio de pago para todo tipo de actos jurídicos y cuya transferencia únicamente puede llevarse a cabo a través de medios electrónicos. En ningún caso se entenderá como activo virtual la moneda de curso legal en territorio nacional, las divisas ni cualquier otro activo denominado en moneda de curso legal o en divisas.
>
> [...]

59 Ley para Regular las Instituciones de Tecnología Financiera. (2018, marzo). Art. 30. México.

El Banco de México, para la determinación de los activos virtuales, tomará en cuenta, entre otros aspectos, el uso que el público dé a las unidades digitales como medio de cambio y almacenamiento de valor, así como, en su caso, unidad de cuenta; el tratamiento que otras jurisdicciones les den a unidades digitales particulares como activos virtuales, así como los convenios, mecanismos, reglas o protocolos que permitan generar, identificar, fraccionar y controlar la replicación de dichas unidades.

Asimismo, el Banco de México, en su Circular 4/2019, Disposiciones de carácter general aplicables a las instituciones de crédito e instituciones de tecnología financiera en las operaciones que realicen con activos virtuales, publicada en el *Diario Oficial de la Federación* el ocho de marzo de dos mil diecinueve, señala como características de los activos virtuales las siguientes:[60]

- Características de los activos virtuales
  Los activos virtuales con que las instituciones podrán realizar operaciones, de conformidad con las presentes disposiciones, deberán cumplir con las características siguientes:

  i. Ser unidades de información, unívocamente identificables, incluso de manera fraccional, registradas electrónicamente, que no representen la titularidad o derechos de un activo subyacente o bien, que re-

60 Diario Oficial de la Federación. (2019, marzo 8). https://www.dof.gob.mx/nota_detalle.php?codigo=5552303&fecha=08/03/2019#gsc.tab=0

presenten dicha titularidad o derechos por un valor inferior a estos.

ii. Tener controles de emisión definidos mediante protocolos determinados y a los que se puedan suscribir terceros.

iii. Contar con protocolos que impidan que las réplicas de las unidades de información o sus fracciones se encuentren disponibles para ser transmitidas más de una vez en un mismo momento.

iv. Sin perjuicio de lo dispuesto anteriormente en la presente disposición, las instituciones podrán realizar operaciones internas con el uso de tecnologías correspondientes a aquellos otros activos virtuales con características distintas a las establecidas en esta misma disposición, para lo cual deberán sujetarse a las disposiciones que les resulten aplicables en materia de uso de tecnologías y sistemas automatizados de procesamiento de datos.

De lo anteriormente transcrito, se concluye que un activo virtual constituye una unidad o representación electrónicamente registrada de valor o información, que es empleada por el público como medio de pago o cambio, almacenamiento de valor y unidad de cuenta. Lo sorprendente del asunto es que las criptomonedas son bienes intangibles a los que las personas pueden acceder para aumentar su patrimonio; sin embargo, constituyen un área de oportunidad para desviar recursos públicos. De ahí que las autoridades deban estar un paso delante de los delincuentes para investigar y sancionar a los servidores públicos que opten por utilizar estas herramientas.

En efecto, el hecho de que no se trate de moneda de curso legal no elimina sus características de dinero tradicional, puesto que no existe prohibición para su uso dentro del país y, mucho menos, constituye un ilícito. De ahí la necesidad de regular su uso, goce y disfrute, por lo cual las autoridades fiscalizadoras deberán tener facultades y capacitación para realizar auditorías en este campo novedoso para todos.

Como el lector puede corroborar, el artículo 38 de la *Ley General de Responsabilidades Administrativas* determina que los titulares de las secretarías, o los servidores públicos a los que se les delegue esta facultad, podrán solicitar a las autoridades competentes información en materia fiscal o relacionada con operaciones de depósito, ahorro, administración o inversión de recursos monetarios. Sin embargo, nada se indica sobre activos virtuales o bienes intangibles, lo cual es una gran oportunidad para los servidores públicos para desviar recursos públicos sin la obligación de informar a las autoridades respectivas.

Entonces, es dable reiterar que el Estado no previene, ni detecta, y mucho menos erradica la corrupción en el país.

Capítulo III
Procedimiento de responsabilidad administrativa en la administración pública centralizada y descentralizada

En el capítulo anterior conocimos que la fiscalización es interna y externa, y que se pueden realizar denuncias a servidores públicos para que la autoridad inicie las investigaciones pertinentes. Sin embargo, ello no es suficiente para poder sancionar a un servidor público.

Para conocer el procedimiento de responsabilidades administrativas, primero debemos identificar qué autoridades se encuentran facultadas para intervenir en él, así como sus ámbitos de competencia, los cuales se dividen de la siguiente manera:[61]

- **Autoridad investigadora.** La autoridad investigadora en las secretarías de Estado serán los órganos internos de control; también lo será la Auditoría Superior de la Federación y las entidades de fiscalización superior de las entidades federativas, así como las unidades de responsabilidades de las empresas productivas del Estado.
- **Autoridad substanciadora.** La autoridad, en las secretarías, serán los órganos internos de control, la Auditoría Superior de la Federación y sus homólogas en las entidades federativas, así como las unidades de responsabilidades

61 Ley General de Responsabilidades Administrativas. (2016, julio). Art. 3. México.

de las empresas productivas del Estado que, en el ámbito de su competencia, dirigen y conducen el procedimiento de responsabilidades administrativas desde la admisión del informe de presunta responsabilidad administrativa y hasta la conclusión de la audiencia inicial. La función de la autoridad substanciadora, en ningún caso, podrá ser ejercida por una autoridad investigadora.

- **Autoridad resolutora.** Tratándose de faltas administrativas no graves, lo será la unidad de responsabilidades administrativas o el servidor público asignado en los órganos internos de control. Para las faltas administrativas graves, así como para las faltas de particulares, lo será el Tribunal de Justicia Administrativa competente.

Ahora bien, para conocer el procedimiento de responsabilidad administrativa, debemos identificar la temporalidad con la que cuentan las autoridades para investigar, sustanciar el procedimiento y sancionar a un servidor público. Por ello, es indispensable precisar los conceptos de **prescripción** y **caducidad**.

En términos del artículo 74 de la Ley General de Responsabilidades Administrativas, las facultades de las autoridades investigadoras para imponer sanciones por faltas administrativas **NO** graves prescribirán en 3 (tres) años, contados a partir del día siguiente al que se hubiera cometido el acto reprochado o a partir del momento en que hubieran cesado; cuando se trate de faltas administrativas graves, las facultades de las autoridades investigadoras para imponer sanciones prescribirán en 7 (siete) **años**, contados a partir del día siguiente al que se hubiera cometido el acto reprochado.[62]

62 Ley General de Responsabilidades Administrativas. (2016, julio). Art. 74. México.

Lo anterior implica que la **autoridad investigadora** tendrá, según sea el caso, entre **tres y siete años** para determinar la existencia de una conducta u omisión contraria a derecho.

Interrupción de la prescripción

La prescripción se interrumpirá cuando la **autoridad substanciadora** admita el informe de presunta responsabilidad administrativa.[63]

Caducidad

En tratándose del procedimiento de responsabilidades administrativas, en ningún caso podrá dejar de actuarse por más de **seis meses** sin causa justificada; de lo contrario, a solicitud del presunto infractor, se declarará la **caducidad de la** instancia.[64]

Independencia entre autoridades

La autoridad a quien se encomiende la **substanciación** y, en su caso, la **resolución** del procedimiento de responsabilidad administrativa deberá ser distinta de aquella o aquellas encargadas de la **investigación**. Es decir, se reconoce que debe existir una independencia entre la **autoridad resolutora**, la **substanciadora** y la investigadora.[65]

63 Ley General de Responsabilidades Administrativas. (2016, julio). Art. 113. México.

64 Ley General de Responsabilidades Administrativas. (2016, julio). Art. 74. México.

65 Ley General de Responsabilidades Administrativas. (2016, julio). Art. 115. México.

¿Cuándo dará inicio el procedimiento de responsabilidades administrativas por faltas administrativas no graves?

Concluida la investigación, el procedimiento dará inicio cuando las autoridades substanciadoras, en el ámbito de su competencia, admitan el informe de presunta responsabilidad administrativa.[66]

El informe de presunta responsabilidad administrativa será notificado personalmente al servidor público, el acuerdo que lo admite y las constancias del expediente de presunta responsabilidad administrativa integrado en la investigación, así como las demás constancias y pruebas que hayan aportado u ofrecido las autoridades investigadoras para sustentar el informe de presunta responsabilidad administrativa.

También se le notificará personalmente el acuerdo por el que se ordene la citación a la audiencia inicial del procedimiento de responsabilidad administrativa, debiendo precisar el día, el lugar y la hora en que tendrá lugar la audiencia, así como la autoridad ante la que se llevará a cabo. Del mismo modo, se le hará saber al interesado el derecho que tiene de no declarar contra sí mismo ni a declararse culpable, de defenderse personalmente o ser asistido por un defensor perito en la materia y que, de no contar con un defensor, le será nombrado uno de oficio.

Entre la fecha del emplazamiento y la de la audiencia inicial deberá mediar un plazo no menor de diez días ni mayor de quince días hábiles. El diferimiento de la audiencia solo podrá otorgarse por causas de caso fortuito o de fuerza mayor debidamente justificadas, o en aquellos casos en que se nombre.

Previo a la celebración de la audiencia inicial, la autoridad sustanciadora citará a las demás partes que deban comparecer al procedimiento, cuando menos con setenta y dos horas de anticipación.

---

66 Ley General de Responsabilidades Administrativas. (2016, julio). Arts. 112 y 208. México.

El día y la hora señalados para la audiencia inicial, el presunto responsable rendirá su declaración por escrito o verbalmente y deberá ofrecer las pruebas que estime necesarias para su defensa. En caso de tratarse de pruebas documentales, deberá exhibir todas las que tenga en su poder, o las que, no estándolo, conste que las solicitó mediante el acuse de recibo correspondiente; y, cuando se trate de documentos que obren en poder de terceros y que no pudo conseguir por obrar en archivos privados, deberá señalar el archivo donde se encuentren o la persona que los tenga a su cuidado para que, en su caso, le sean requeridos.

Una vez que las partes hayan manifestado, durante la audiencia inicial, lo que a su derecho corresponda y ofrezcan sus respectivas pruebas, la autoridad sustanciadora declarará cerrada la audiencia inicial; y no podrán aportarse más pruebas que las supervenientes. Si no existieran diligencias pendientes para mejor proveer ni más pruebas que desahogar, la autoridad sustanciadora declarará abierto el periodo de alegatos por un término de cinco días hábiles comunes para las partes.

Transcurrido el periodo de alegatos, la autoridad resolutora del asunto declarará cerrada la instrucción y citará a las partes para oír la resolución que corresponda, la cual deberá dictarse en un plazo no mayor de treinta días hábiles, que podrá ampliarse por una sola vez por otros treinta días hábiles cuando la complejidad del asunto así lo requiera, debiendo expresar los motivos para ello. La resolución deberá notificarse personalmente al presunto responsable. En su caso, se notificará a los denunciantes únicamente para su conocimiento, y al jefe inmediato o al titular de la dependencia o entidad, para los efectos de su ejecución, en un plazo no mayor de diez hábiles.[67]

67 Ley General de Responsabilidades Administrativas. (2016, julio). Art. 208. México.

Resolución

Para tal efecto, se consideran resoluciones los acuerdos —cuando se trate de simples resoluciones de trámite—, los autos provisionales, los que se refieren a determinaciones que se ejecuten provisionalmente, los autos preparatorios (resoluciones por las que se prepara el conocimiento y decisión del asunto), aquellos en los que se ordena la admisión, la preparación de pruebas o su desahogo, las sentencias interlocutorias (que resuelven un incidente) y las sentencias definitivas, que son las que resuelven el fondo del procedimiento de responsabilidad administrativa.[68]

¿Cuándo dará inicio el procedimiento de responsabilidades administrativas por faltas administrativas graves? (Intervención del Tribunal de Justicia Administrativa)

El procedimiento dará inicio cuando las autoridades sustanciadoras, en el ámbito de su competencia, admitan el informe de presunta responsabilidad administrativa.[69]

El informe de presunta responsabilidad administrativa será notificado personalmente al servidor público, así como el acuerdo que lo admite y las constancias del expediente de presunta responsabilidad administrativa integrado en la investigación, así como las demás constancias y pruebas que hayan aportado u ofrecido las autoridades investigadoras para sustentar el informe de presunta responsabilidad administrativa.

También se le notificará personalmente el acuerdo por el que se ordene la citación a la audiencia inicial del procedimiento de responsabilidad administrativa, debiendo precisar el día,

68 Ley General de Responsabilidades Administrativas. (2016, julio). Art. 202. México.

69 Ley General de Responsabilidades Administrativas. (2016, julio). Arts. 133 y 209. México.

el lugar y la hora en que tendrá lugar la audiencia, así como la autoridad ante la que se llevará a cabo. Del mismo modo, se le hará saber al interesado el derecho que tiene de no declarar contra sí mismo ni a declararse culpable, de defenderse personalmente o ser asistido por un defensor perito en la materia y que, de no contar con un defensor, le será nombrado uno de oficio.

Entre la fecha del emplazamiento y la de la audiencia inicial deberá mediar un plazo no menor de diez días ni mayor de quince días hábiles. El diferimiento de la audiencia solo podrá otorgarse por causas de caso fortuito o de fuerza mayor debidamente justificadas, o en aquellos casos en que se nombre.

Previo a la celebración de la audiencia inicial, la autoridad sustanciadora citará a las demás partes que deban comparecer al procedimiento, cuando menos con setenta y dos horas de anticipación.

El día y la hora señalados para la audiencia inicial, el presunto responsable rendirá su declaración por escrito o verbalmente y deberá ofrecer las pruebas que estime necesarias para su defensa. En caso de tratarse de pruebas documentales, deberá exhibir todas las que tenga en su poder, o las que, no estándolo, conste que las solicitó mediante el acuse de recibo correspondiente; y, cuando se trate de documentos que obren en poder de terceros y que no pudo conseguir por obrar en archivos privados, deberá señalar el archivo donde se encuentren o la persona que los tenga a su cuidado, para que, en su caso, le sean requeridos.

Una vez que las partes hayan manifestado, durante la audiencia inicial, lo que a su derecho corresponda y ofrezcan sus respectivas pruebas, la autoridad sustanciadora declarará cerrada la audiencia inicial. No podrán aportarse más pruebas, salvo las supervenientes.

La autoridad sustanciadora deberá, en un plazo no mayor de tres días contados a partir de la conclusión de la audiencia inicial, enviar al tribunal competente los autos originales del expediente, así como notificar a las partes de la fecha de su envío, indicando el domicilio del tribunal encargado de la resolución del asunto. Cuando el tribunal reciba el expediente, bajo su más estricta responsabilidad, deberá verificar que la falta descrita en el informe de presunta responsabilidad administrativa sea de las consideradas como graves. En caso de no serlo, fundando y motivando debidamente su resolución, enviará el expediente respectivo a la autoridad sustanciadora que corresponda para que continúe el procedimiento en los términos de las faltas administrativas no graves.

De igual forma, si el tribunal advierte que los hechos descritos por la autoridad investigadora en el informe de presunta responsabilidad administrativa corresponden a la descripción de una falta grave diversa, le ordenará a esta que realice la reclasificación que corresponda, pudiendo señalar las directrices que considere pertinentes para su debida presentación, para lo cual le concederá un plazo de tres días hábiles. En caso de que la autoridad investigadora se niegue a hacer la reclasificación, así lo hará saber al tribunal, fundando y motivando su proceder. En este caso, el tribunal continuará con el procedimiento de responsabilidad administrativa.

Una vez que el tribunal haya decidido que el asunto corresponde a su competencia y, en su caso, se haya solventado la reclasificación, deberá notificar personalmente a las partes sobre la recepción del expediente.

Cuando conste en autos que las partes han quedado notificadas, dictará, dentro de los quince días hábiles siguientes, el acuerdo de admisión de pruebas que corresponda, donde deberá ordenar las diligencias necesarias para su preparación y desahogo. Concluido el desahogo de las pruebas ofrecidas por las partes, y si no existieran diligencias pendientes para mejor proveer ni más pruebas que desahogar, el tribunal declarará abierto el periodo de alegatos por un término de cinco días hábiles comunes para las partes.

Una vez transcurrido el periodo de alegatos, el tribunal, de oficio, declarará cerrada la instrucción y citará a las partes para oír la resolución que corresponda, la cual deberá dictarse en un plazo no mayor de treinta días hábiles. Este plazo podrá ampliarse por una sola vez por otros treinta días hábiles, cuando la complejidad del asunto así lo requiera, debiendo expresar los motivos para ello.

La resolución deberá notificarse personalmente al presunto responsable. En su caso, se notificará a los denunciantes únicamente para su conocimiento y al jefe inmediato o al titular de la dependencia o entidad, para los efectos de su ejecución, en un plazo no mayor de diez días hábiles.

Resolución

Para tal efecto, se consideran resoluciones los acuerdos —cuando se trate de simples resoluciones de trámite—, los autos provisionales, los que se refieren a determinaciones que se ejecuten provisionalmente, los autos preparatorios (resoluciones por las que se prepara el conocimiento y decisión del asunto), aquellos en los que se ordena la admisión, la preparación de pruebas o su desahogo, las sentencias interlocutorias (que resuelven un incidente) y las sentencias definitivas, que son las que resuelven el fondo del procedimiento de responsabilidad administrativa.[70]

70 Ley General de Responsabilidades Administrativas. (2016, julio). Art. 202. México.

Partes en el procedimiento de responsabilidades administrativas

- La autoridad investigadora.
- El servidor público que presuntamente cometió la falta.
- El particular, sea persona física o moral, que presuntamente cometió la falta.
- Los terceros, que son todos aquellos a quienes pueda afectar la resolución que se dicte.

Abogados autorizados

Las partes señaladas anteriormente, con excepción de la autoridad investigadora, podrán autorizar para oír notificaciones en su nombre a una o varias personas con capacidad legal, quienes quedarán facultadas para interponer los recursos que procedan, ofrecer e intervenir en el desahogo de pruebas, alegar en las audiencias, pedir que se dicte sentencia para evitar la consumación del término de caducidad por inactividad procesal y realizar cualquier acto que resulte necesario para la defensa de los derechos del autorizante.

No podrán, sin embargo, sustituir o delegar dichas facultades en un tercero. Los autorizados deberán acreditar encontrarse legalmente facultados para ejercer la profesión de abogado o licenciado en derecho, debiendo proporcionar los datos correspondientes en el escrito en que se otorgue dicha autorización y mostrar la cédula profesional o carta de pasante para la práctica de la abogacía en las diligencias de prueba en que intervengan.

En el entendido de que el autorizado que no cumpla con lo anterior perderá la facultad señalada, en perjuicio de la parte que lo hubiere designado.[71]

71 Ley General de Responsabilidades Administrativas. (2016, julio). Art. 117. México.

Días y horas hábiles

En los procedimientos de responsabilidad administrativa se estimarán como días hábiles todos los del año, con excepción de aquellos que, por virtud de la ley, algún decreto o disposición administrativa se determinen como inhábiles, durante los cuales no se practicará actuación alguna.

Se considerarán horas hábiles las que medien entre las 9:00 y las 18:00 horas. No obstante, las autoridades sustanciadoras o las encargadas de la resolución del asunto podrán habilitar días y horas inhábiles para la práctica de aquellas diligencias que, a su juicio, así lo requieran.[72]

Supletoriedad

En lo que no se oponga a lo dispuesto en el procedimiento de responsabilidad administrativa, será de aplicación supletoria lo establecido en la *Ley Federal de Procedimiento Contencioso Administrativo* o en las leyes que rijan en esa materia en las entidades federativas, según corresponda.[73]

Medidas de apremio

Las autoridades sustanciadoras o resolutoras podrán hacer uso de las siguientes medidas para hacer cumplir sus determinaciones.[74]

---

72 Ley General de Responsabilidades Administrativas. (2016, julio). Art. 119. México.

73 Ley General de Responsabilidades Administrativas. (2016, julio). Art. 118. México.

74 Ley General de Responsabilidades Administrativas. (2016, julio). Art. 120. México.

- Multa de cien a ciento cincuenta veces el valor diario de la Unidad de Medida y Actualización, la cual podrá duplicarse o triplicarse en cada ocasión, hasta alcanzar dos mil veces dicho valor, en caso de renuencia al cumplimiento del mandato respectivo.
- Arresto hasta por treinta y seis horas.
- Solicitar el auxilio de la fuerza pública de cualquier orden de gobierno, la cual deberá atender de inmediato el requerimiento de la autoridad.

No existe obligación de seguir el orden en que se enlistan.

Medidas cautelares

Las autoridades investigadoras podrán solicitar a la sustanciadora que decrete las siguientes medidas cautelares que:[75]

- Evitar el ocultamiento o la destrucción de pruebas.
- Impedir la continuación de los efectos perjudiciales de la presunta falta administrativa.
- Evitar la obstaculización del adecuado desarrollo del procedimiento de responsabilidad administrativa.
- Evitar un daño irreparable a la Hacienda Pública Federal, a las entidades federativas, municipios, alcaldías o al patrimonio de los entes públicos.
- Podrán ser decretadas, entre otras, las siguientes medidas:[76]

75 Ley General de Responsabilidades Administrativas. (2016, julio). Art. 123. México.

76 Ley General de Responsabilidades Administrativas. (2016, julio). Art. 124. México.

- Suspensión temporal del servidor público señalado como presuntamente responsable del empleo, cargo o comisión que desempeñe. Dicha suspensión no prejuzgará ni será indicio de la responsabilidad que se le impute, lo cual se hará constar en la resolución en la que se decrete. Mientras dure la suspensión temporal, se deberán dictar, al mismo tiempo, las medidas necesarias que garanticen al presunto responsable el mantenimiento de su mínimo vital y de sus dependientes económicos, así como aquellas que impidan que se le presente públicamente como responsable de la falta que se le imputa. En el supuesto de que el servidor público suspendido temporalmente no resultare responsable de los actos que se le imputan, la dependencia o entidad donde preste sus servicios lo restituirá en el goce de sus derechos y le cubrirá las percepciones que debió recibir durante el tiempo en que se halló suspendido.
- Exhibición de documentos originales relacionados directamente con la presunta falta administrativa.
- Apercibimiento de multa de cien hasta ciento cincuenta Unidades de Medida y Actualización, para conminar a los presuntos responsables y testigos a presentarse el día y la hora que se señalen para el desahogo de pruebas a su cargo, así como para señalar un domicilio donde se practiquen notificaciones personales relacionadas con la sustanciación y resolución del procedimiento de responsabilidad administrativa.
- Embargo precautorio de bienes; aseguramiento o intervención precautoria de negociaciones. Al respecto será aplicable, de forma supletoria, el *Código Fiscal de la Federación* o las disposiciones que,

en su caso, rijan esta materia en el ámbito de las entidades federativas.

- Las que sean necesarias para evitar un daño irreparable a la Hacienda Pública Federal, o a la de las entidades federativas, municipios, alcaldías o al patrimonio de los entes públicos. Para ello, las autoridades resolutoras podrán solicitar el auxilio y la colaboración de cualquier autoridad del país.

Pruebas

Para conocer la verdad de los hechos, las autoridades resolutoras podrán valerse de cualquier persona o documento, ya sea que pertenezca a las partes o a terceros, sin más limitación que la de que las pruebas hayan sido obtenidas lícitamente y con pleno respeto a los derechos humanos.

Solo estará excluida la prueba confesional a cargo de las partes por absolución de posiciones.[77]

Las autoridades resolutoras recibirán por sí mismas las declaraciones de testigos y peritos y presidirán todos los actos de prueba bajo su más estricta responsabilidad.

Las documentales privadas, las testimoniales, las inspecciones, las periciales y demás medios de prueba lícitos que se ofrezcan por las partes solo harán prueba plena cuando, a juicio de la autoridad resolutora del asunto, resulten fiables y coherentes de acuerdo con la verdad conocida y el recto raciocinio de la relación que guarden entre sí, de forma tal que generen convicción sobre la veracidad de los hechos.

Las pruebas deberán ofrecerse en los plazos señalados en esta ley. Las que se ofrezcan fuera de ellos no serán admitidas,

77 Ley General de Responsabilidades Administrativas. (2016, julio). Arts. 130-143. México.

salvo que se trate de pruebas supervenientes. Se entenderán como tales aquellas que se hayan producido con posterioridad al vencimiento del plazo para ofrecer pruebas, o las que se hubieran producido antes, siempre que quien las ofrezca manifieste, bajo protesta de decir verdad, que no tuvo la posibilidad de conocer su existencia.

En caso de que cualquiera de las partes hubiere solicitado la expedición de un documento o informe que obre en poder de cualquier persona o ente público, y este no se haya expedido sin causa justificada, la autoridad resolutora del asunto ordenará que se expida. Para ello podrá hacer uso de los medios de apremio previstos en esta ley.

Las autoridades resolutoras del asunto podrán ordenar la realización de diligencias para mejor proveer, sin que por ello se entienda abierta de nuevo la investigación, disponiendo la práctica o ampliación de cualquier diligencia probatoria siempre que resulte pertinente para el conocimiento de los hechos relacionados con la existencia de la falta administrativa y la responsabilidad de quien la hubiera cometido. Con las pruebas que se alleguen al procedimiento, derivadas de diligencias para mejor proveer, se dará vista a las partes por el término de tres días para que manifiesten lo que a su derecho convenga, pudiendo ser objetadas en cuanto a su alcance y valor probatorio en la vía incidental.

Pruebas en lo particular

Se podrá ofrecer la prueba testimonial, la cual estará a cargo de todo aquel que tenga conocimiento de los hechos que las partes deban probar.[78]

Testigos para acreditar los hechos que pretenden demostrar.

78 Ley General de Responsabilidades Administrativas. (2016, julio). Arts. 144-181. México.

La presentación de testigos corre a cargo de la parte que los ofrezca, con excepción de los que, por motivo de edad o salud, se encuentren imposibilitados para acudir; en ese caso, se tomará su testificación en su domicilio o en el lugar en que se encuentre.

Prueba pericial

Tendrá lugar cuando, para determinar la verdad de los hechos, sea necesario contar con los conocimientos especiales de una ciencia, arte, técnica, oficio, industria o profesión. Quienes sean propuestos como peritos deberán tener título en la ciencia, arte, técnica, oficio, industria o profesión a que pertenezca la cuestión sobre la que han de rendir parecer, siempre que la ley exija dicho título para su ejercicio. En caso contrario, podrán ser autorizados por la autoridad resolutora para actuar como peritos quienes, a su juicio, cuenten con los conocimientos y la experiencia para emitir un dictamen sobre la cuestión.[79]

Las partes ofrecerán sus peritos, indicando expresamente la ciencia, arte, técnica, oficio, industria o profesión sobre la que deberá practicarse la prueba, así como los puntos y las cuestiones sobre las que versará la prueba.

En el acuerdo en que se resuelva la admisión de la prueba, se requerirá al oferente para que presente a su perito el día y la hora que se señale por la autoridad resolutora del asunto, a fin de que acepte y proteste desempeñar su cargo de conformidad con la ley. En caso de no hacerlo, se tendrá por no ofrecida la prueba. Al admitir la prueba pericial, la autoridad resolutora del asunto dará vista a las demás partes por el término de tres días, para que propongan la ampliación de otros puntos y cuestiones para que el perito determine.

---

79 Ley General de Responsabilidades Administrativas. (2016, julio). Arts. 134, 167, 171 y 176. México.

En caso de que el perito haya aceptado y protestado su cargo, la autoridad resolutora del asunto fijará prudentemente un plazo para que el perito presente el dictamen correspondiente. En caso de no presentarse dicho dictamen, la prueba se declarará desierta.

Las demás partes del procedimiento administrativo podrán, a su vez, designar un perito para que se pronuncie sobre los aspectos cuestionados por el oferente de la prueba, así como por los ampliados por las demás partes, debiéndose proceder en los términos descritos en el artículo 169 de esta ley.

Presentados los dictámenes por parte de los peritos, la autoridad resolutora convocará a los mismos a una audiencia donde las partes y la autoridad misma podrán solicitarles las aclaraciones y explicaciones que estimen conducentes.

Inspección

Estará a cargo de la autoridad resolutora, y procederá cuando así sea solicitada por cualquiera de las partes o, bien, cuando de oficio lo estime conducente dicha autoridad para el esclarecimiento de los hechos, siempre que no se requieran conocimientos especiales para la apreciación de los objetos, cosas, lugares o hechos que se pretendan observar mediante la inspección.[80]

Al ofrecer la prueba de inspección, su oferente deberá precisar los objetos, cosas, lugares o hechos que pretendan ser observados mediante la intervención de la autoridad resolutora del asunto. Antes de admitir la prueba de inspección, la autoridad resolutora dará vista a las demás partes para que manifiesten lo que a su derecho convenga y, en su caso, propongan

80 Ley General de Responsabilidades Administrativas. (2016, julio). Arts. 134, 177-181. México.

la ampliación de los objetos, cosas, lugares o hechos que serán materia de la inspección.

Para el desahogo de la prueba de inspección, la autoridad resolutora citará a las partes en el lugar donde se llevará a cabo esta, quienes podrán acudir para hacer las observaciones que estimen oportunas.

Declaraciones realizadas por oficio

Lo podrán realizar únicamente los representantes de elección popular, ministros, magistrados y jueces del Poder Judicial de la Federación; los consejeros del Consejo de la Judicatura Federal; los servidores públicos que sean ratificados o nombrados con la intervención de cualquiera de las Cámaras del Congreso de la Unión o de los congresos locales; los secretarios de despacho del Poder Ejecutivo Federal y los equivalentes en las entidades federativas; los titulares de los organismos a los que la *Constitución Política de los Estados Unidos Mexicanos* otorgue autonomía; los magistrados y jueces de los tribunales de justicia de las entidades federativas; los consejeros de los consejos de la judicatura o sus equivalentes en las entidades federativas, y los titulares de los órganos a los que las constituciones locales otorguen autonomía.[81]

Notificaciones

Serán notificadas personalmente:[82]

81 Ley General de Responsabilidades Administrativas. (2016, julio). Art. 148. México.
82 Ley General de Responsabilidades Administrativas. (2016, julio). Art. 193. México.

- El emplazamiento al presunto o presuntos responsables para que comparezcan al procedimiento de responsabilidad administrativa. Para que el emplazamiento se entienda realizado, se les deberá entregar copia certificada del informe de presunta responsabilidad administrativa y del acuerdo por el que se admite; de las constancias del expediente de presunta responsabilidad administrativa integrado en la investigación, así como de las demás constancias y pruebas que hayan aportado u ofrecido las autoridades investigadoras para sustentar el informe de presunta responsabilidad administrativa.
- El acuerdo de admisión del informe de presunta responsabilidad administrativa.
- El acuerdo por el que se ordene la citación a la audiencia inicial del procedimiento de responsabilidad administrativa.
- En el caso de faltas administrativas graves, el acuerdo por el que se remitan las constancias originales del expediente del procedimiento de responsabilidad administrativa al tribunal encargado de resolver el asunto.
- Los acuerdos por los que se aperciba a las partes o a terceros, con la imposición de medidas de apremio.
- La resolución definitiva que se pronuncie en el procedimiento de responsabilidad administrativa.
- Las demás que así se determinen en la ley, o que las autoridades sustanciadoras o resolutoras del asunto consideren pertinentes para el mejor cumplimiento de sus resoluciones.

Las notificaciones se tendrán por hechas a partir del día hábil siguiente en que surtan sus efectos, y podrán ser realizadas a las partes personalmente o por los estrados de la autoridad sustanciadora o, en su caso, de la resolutora.

Las notificaciones personales surtirán sus efectos al día hábil siguiente en que se realicen. Las autoridades sustanciadoras o resolutoras del asunto, según corresponda, podrán solicitar, mediante exhorto, la colaboración de las secretarías, órganos internos de control o de los tribunales, para realizar las notificaciones personales que deban llevar a cabo respecto de aquellas personas que se encuentren fuera de su jurisdicción.

Las notificaciones por estrados surtirán sus efectos dentro de los tres días hábiles siguientes a aquel en que sean colocadas en los lugares destinados para tal efecto. La autoridad sustanciadora o resolutora del asunto deberá certificar el día y la hora en que hayan sido colocados los acuerdos en los estrados respectivos.

Cuando las leyes orgánicas de los tribunales dispongan la notificación electrónica, se aplicará lo que al respecto se establezca en ellas.

Cuando las notificaciones deban realizarse en el extranjero, las autoridades podrán solicitar el auxilio de las autoridades competentes mediante carta rogatoria, para lo cual deberá estarse a lo dispuesto en las convenciones o instrumentos internacionales de los que México sea parte.

Área de oportunidad III

El artículo 74 de la *Ley General de Responsabilidades Administrativas* determina que el plazo de prescripción para faltas administrativas graves será de siete años, y, cuando corresponda a faltas administrativas no graves, el plazo en comento será de tres años.

¿Por qué **no** son imprescriptibles los delitos relacionados con actos de corrupción?

El artículo 29 de la *Convención de las Naciones Unidas contra la Corrupción* no contempla la imprescriptibilidad de los delitos relacionados con la corrupción, y solo reconoce que cada Estado podrá establecer un «plazo de prescripción amplio» para iniciar los procesos respectivos cuando el presunto delincuente haya eludido la administración de justicia. Asimismo, ordena que los Estados podrán establecer un plazo mayor o, en su defecto, tendrán la facultad de interrumpir la prescripción.[83]

Por otra parte, la Convención sobre la imprescriptibilidad de los crímenes de guerra y de los crímenes de lesa humanidad, adoptada el 26 de noviembre de 1968, así como el Estatuto de Roma de la Corte Penal Internacional, considera únicamente la imprescriptibilidad y la prohibición para aplicar amnistía o cualquier excluyente de responsabilidad sobre los delitos graves. Entre otros, se contemplan la tortura, la desaparición forzada y el genocidio; sin embargo, en dicho listado no se incluyen los delitos relacionados con los servidores públicos.

83 Oficina de las Naciones Unidas contra la Droga y el Delito. (s. f.). *Convención de las Naciones Unidas contra la corrupción*. https://www.unodc.org/pdf/corruption/publications_unodc_convention-s.pdf

Para esta área de oportunidad, es indispensable considerar que la imprescriptibilidad y la prohibición para aplicar amnistía o cualquier excluyente de responsabilidad se permiten cuando se actualizan estas hipótesis:[84]

1. **Que sean cometidos por el Estado, o con anuencia de este.**
2. **Que exista una complicidad para no investigar y sancionar estos delitos, pues es el Estado quien los perpetra, impidiendo que las víctimas obtengan justicia.**

Como podemos advertir, los tratados internacionales no contemplan la imprescriptibilidad de los delitos relacionados con servidores públicos; sin embargo, en la especie se actualizan las mismas causales para que se aplique la imprescriptibilidad y la prohibición de aplicar amnistía o cualquier excluyente de responsabilidad a todos los servidores públicos.

En efecto, si una de las «expresiones» de estos servidores públicos no es la de utilizar su intelecto o cognición para servir al Estado, sino para desviar recursos públicos con el objeto de obtener un beneficio personal, directo o indirecto, es dable considerar que los actos o delitos relacionados con la corrupción son intrínsecamente cometidos por el Estado o con anuencia de este, en la inteligencia de que un servidor público no actúa en su carácter de persona física, sino que lo hace en función de las facultades inherentes al cargo que ocupa. De ahí que, cuando se actualiza un acto de corrupción, debemos hablar de crímenes del Estado. Por ende, las reglas para la persecución de los delitos

84 Oficina del Alto Comisionado de las Naciones Unidas para los Derechos Humanos. (s. f.). *Convención sobre la no aplicabilidad de las limitaciones estatutarias a los crímenes de guerra y crímenes de lesa humanidad.* https://www.ohchr.org/es/instruments-mechanisms/instruments/convention-non-applicability-statutory-limitations-war-crimes

y actos de corrupción deben ser diferenciadas de las aplicables a los particulares, quedando exceptuados de obtener cualquier tipo de amnistía o excluyente de responsabilidad por el transcurso natural del tiempo, incluso de la presunción de inocencia, en la inteligencia de que ellos actúan de manera voluntaria y con pleno conocimiento de querer beneficiarse en perjuicio de la mayoría.

Además, los crímenes cometidos por el Estado o con anuencia de este son aquellos en los que existe una resistencia a la investigación y sanción, impidiendo que las víctimas obtengan justicia.

¿Qué mayor resistencia puede existir en nuestro Sistema Nacional Anticorrupción cuando los poderes públicos no tienen un contrapeso eficaz que investigue sus gestiones? Por ejemplo:

- La Auditoría Superior de la Federación es un órgano técnico de fiscalización, pero depende de la Cámara de Diputados, lo cual genera un conflicto de intereses con los diputados federales, ya que estos regulan el presupuesto de la Auditoría.
- Los artículos 26 y 37 de la Ley Orgánica de la Administración Pública Federal reconocen que la Secretaría Anticorrupción y Buen Gobierno forma parte de la administración pública centralizada, es decir, depende administrativa y políticamente del propio Poder Ejecutivo.
- El Poder Judicial tiene como órgano fiscalizador y resolutor al Tribunal de Disciplina Judicial.[85]

En todos ellos, la autoridad fiscalizadora interna depende administrativamente de la propia autoridad fiscalizable; de ahí

85 Consejo de la Judicatura Federal. (s. f.). *Acuerdo general del Pleno del Consejo de la Judicatura Federal.* Arts. 108, 179 y 181.

que se llame «control interno». Sin embargo, ello no resulta suficiente; incluso, constituye un absurdo total, pues actualiza un «conflicto de intereses».

Algunos juristas estarán en contra de la imprescriptibilidad porque, en el derecho nacional e internacional, existe una figura antagónica que se denomina «prescripción», la cual, medularmente, se reconoce como el medio de adquirir un derecho por el simple transcurso del tiempo o, en su defecto, como una manera de liberarse de una obligación y, con ello, generar certidumbre jurídica a los destinatarios, toda vez que «ninguna persona merece estar sometida al yugo de una acusación por tiempo indefinido». Sin embargo, desde mi punto de vista, este beneficio solo aplica para los particulares y no para los servidores públicos, pues no se puede apelar a la prescripción de las facultades punitivas del Estado para generar una supuesta seguridad jurídica al servidor público corrupto, ya que sus derechos no pueden superar al principio de justicia de darle a cada quien lo que merece.

Además, la prescripción de las facultades punitivas de la autoridad administrativa no genera seguridad jurídica a nadie, sino que produce el efecto contrario; es decir, provoca inseguridad para las víctimas y para los particulares, pues el servidor público corrupto, a sabiendas de haber cometido un delito o acto contrario a derecho, conoce que, con el transcurso natural del tiempo, quedará liberado de toda responsabilidad. Por tanto, escondiéndose o evitando la justicia, podrá escapar de la responsabilidad administrativa y penal. Incluso podrá tomar unas hermosas vacaciones en la playa, lejos de todos los reflectores, con su familia, esperando la ansiada prescripción; y podrá regresar a su país de origen con la confianza de que no existe una investigación o sanción en su contra, demostrándoles a los gobernados que ganó la impunidad.

La prescripción en materia de responsabilidad administrativa es el enemigo de la justicia y genera impunidad sobre los delitos cometidos por los servidores públicos, beneficiando al infractor con el transcurso del tiempo. Peor aún, genera en la población la idea de que los crímenes en general no son sancionados por el Estado, influyendo a las personas a participar en política únicamente con el objeto de obtener un beneficio inmerecido.

Los delitos relacionados con la corrupción resultan ser crímenes contra la humanidad, pues técnicamente afectan a los más pobres e impiden la correcta aplicación de los recursos públicos que tienen por objeto desarrollar o promover derechos universales como la salud, la educación, la seguridad social y el acceso a la administración de justicia, entre otros. En ese sentido, es necesario considerar que las facultades punitivas de la autoridad por faltas administrativas no graves y graves, dentro de la Constitución y el Sistema Nacional Anticorrupción, deberían contener los principios de imprescriptibilidad y la expresa prohibición de aplicar amnistía o cualquier excluyente de responsabilidad, con el objeto de aliviar la injusticia que nos aqueja desde hace muchos años.

Ahora bien, en el supuesto de que no coincidas con la hipótesis mencionada, y para no generar una incompatibilidad con los tratados internacionales, respecto al plazo «amplio» de prescripción que concede el artículo 29 de la Convención de las Naciones Unidas contra la Corrupción, mi propuesta es que la prescripción debería ser de cuarenta años como mínimo, ya que, con ese plazo, se daría oportunidad a que un nuevo partido político asuma la administración del Estado y pueda ordenar investigaciones y auditorías, e incluso retomar denuncias archivadas por el partido que se encontraba en el poder y que fue negligente en su trabajo como auditores.[86]

---

86 Oficina de las Naciones Unidas contra la Droga y el Delito. (s. f.). *Convención de las Naciones Unidas contra la corrupción.* https://www.unodc.org/pdf/corruption/publications_unodc_convention-s.pdf

Una pregunta que surge al respecto es: ¿y el Gobierno guardará la documentación cuarenta años o más? La respuesta es que, con la tecnología de *blockchain*, ya no será necesaria la acumulación de documentación. Recordemos que esta se encuentra conformada por una base de datos distribuida entre diversos participantes, la cual no puede ser alterada, debido a que está protegida criptográficamente y organizada en bloques. Es decir, cada bloque contiene un «*hash*», una huella digital del conjunto de transacciones que en el mismo se almacenan, así como el «*hash*» del bloque anterior, lo que impide que un bloque pueda ser alterado o insertado entre dos bloques preexistentes.

En un verdadero Sistema Nacional Anticorrupción se actualizaría la imprescriptibilidad de los delitos y actos de corrupción cometidos por los servidores públicos.

Si el honor fuese rentable, todos serían honorables.
TOMÁS MORO

Ejemplo de cómo conseguir la prescripción

En tratándose del sistema de evolución patrimonial, el artículo 37 de la Ley General de Responsabilidades Administrativas prevé un requerimiento de información y documentación al servidor público para que aclare ante la autoridad competente el aumento «*inexplicable*» de su patrimonio. Sin embargo, esa «actividad del Estado» técnicamente no implica el inicio formal del procedimiento de responsabilidades administrativas, pues recordemos que dicho procedimiento comienza con la admisión del informe de presunta responsabilidad.

Ahora bien, el efecto que tendrá la notificación del requerimiento de información y documentación para aclarar el aumento inexplicable de su patrimonio generará que el presunto responsable sobre la existencia de una investigación en curso y, con ello, tendrá la posibilidad legal de retardar el inicio del procedimiento de responsabilidades administrativas con la interposición de recursos legales, o juicios de amparo obteniendo así una posible prescripción de las facultades punitivas del Estado. Es decir, atendiendo al plazo de prescripción de tres y siete años que prevé el artículo 74 de la Ley General de Responsabilidades Administrativas, el servidor público, por estrategia, podrá calcular la prescripción a partir de la fecha en que se refleje el aumento de su patrimonio y el plazo en que prescriben las facultades punitivas del Estado. De esta manera, podrá retardar el dictado de la «calificación de la falta», que es el único acto administrativo que interrumpe el cómputo de la prescripción, máxime que la Ley General de Responsabilidades Administrativas carece de un precepto legal que decrete la suspensión de los plazos por la interposición de medios de defensa, lo cual deja una laguna que permite a los interesados un gran margen para actuar.

Es una realidad que la carga de trabajo de los juzgados de distrito y tribunales colegiados en materia administrativa impide dictar sentencias en un periodo breve. Si a ello le sumamos las «técnicas jurídicas» de los abogados defensores para retardar el dictado de la sentencia hasta en tres o cuatro años, la consecuencia es que, en algunos casos, el servidor público podría acceder a la prescripción de las facultades punitivas de la autoridad, quedando impune su delito.

En esa tesitura, se insiste en que los delitos relacionados con la corrupción deben ser declarados en la Constitución Política de los Estados Unidos Mexicanos como imprescriptibles.

No debe pasar inadvertido al lector que la Ley General de Responsabilidades Administrativas carece de un precepto legal que ordene la interrupción de la prescripción de las facultades punitivas de la autoridad con motivo de la interposición de medios de defensa en contra de actos relacionados con la investigación, tal como sí ocurre en materia fiscal, es decir, en relación con el penúltimo párrafo del artículo 46-A del *Código Fiscal de la Federación*, el cual se transcribe para pronta referencia:

> Código Fiscal de la Federación
>
> **Artículo 46-A.** Las autoridades fiscales deberán concluir la visita que se desarrolle en el domicilio fiscal de los contribuyentes o la revisión de la contabilidad de los mismos que se efectúe en las oficinas de las propias autoridades, dentro de un plazo máximo de doce meses contado a partir de que se notifique a los contribuyentes el inicio de las facultades de comprobación, salvo tratándose de:
>
> [...]
>
> Si durante el plazo para concluir la visita domiciliaria o la revisión de la contabilidad del contribuyente en las oficinas de las propias autoridades, los contribuyentes interponen algún medio de defensa en el país o en el extranjero contra los actos o actividades que deriven del ejercicio de sus facultades de comprobación, dichos plazos se suspenderán desde la fecha en que se interpongan los citados medios de defensa hasta que se dicte resolución definitiva de los mismos.

En esa tesitura, si la *Ley General de Responsabilidades Administrativas* carece de un precepto legal que ordene la suspensión de los plazos para que se actualice la prescripción por la interposición de algún medio de defensa, ello permite a los servidores públicos o particulares relacionados interponer múltiples medios de defensa en contra de los actos administrativos vinculados con la investigación, permitiéndoles conseguir la prescripción de las facultades punitivas de la autoridad, generando impunidad tanto en las sanciones graves como en las no graves que pretenda imponer la autoridad, beneficiando así a servidores públicos y particulares relacionados.

Uso de la tecnología en la sustanciación del procedimiento de responsabilidad administrativa

Como lo hemos comentado anteriormente, ya existen herramientas tecnológicas que permiten agilizar el desarrollo de las investigaciones, gestiones y resoluciones del procedimiento de responsabilidades administrativas. Sin embargo, los legisladores que participaron en la emisión de leyes del Sistema Nacional Anticorrupción consideraron que debían cumplirse ciertos requisitos legales que, desde nuestro punto de vista, resultan arcaicos.

Por ejemplo, las notificaciones de diversos actos del procedimiento de responsabilidades administrativas de los servidores públicos deben ser personales. No obstante, existen otras áreas del derecho administrativo que permiten la comunicación entre las autoridades y los gobernados de manera electrónica, como el Servicio de Administración Tributaria, autoridad que cuenta con el Buzón Tributario, el cual, además de permitir la comunicación entre dicha autoridad y los contribuyentes, también permite presentar promociones, solicitar información y documentación, atender requerimientos y obtener respuestas a dudas que pudieran surgir.

La ventaja de esta herramienta electrónica es que cualquier persona —incluso las personas morales que tengan la necesidad de realizar los trámites señalados en el párrafo anterior— puede hacerlo desde la comodidad de su casa u oficina, y solamente algunos trámites deben ser realizados a través de una e-firma. Esta debe considerarse como el conjunto de datos y caracteres que identifican a una persona al realizar trámites y servicios por internet; es única y se encuentra en un archivo seguro y cifrado que tiene la validez de la firma autógrafa.

Entonces, si en el derecho administrativo ya existen este tipo de herramientas tecnológicas que ahorran tiempo para el desarrollo de las funciones propias del ente público y cubren las necesidades de los particulares para comunicarse con las respectivas autoridades, ¿por qué no se utiliza esta herramienta en el Sistema Nacional Anticorrupción?

Recordemos que, a la fecha, las facultades punitivas de la autoridad por faltas administrativas no graves prescriben en tres años, contados a partir del día siguiente a aquel en que se hubiera cometido el acto reprochado o a partir del momento en que hubieran cesado. Cuando se trate de faltas administrativas graves, las facultades de las autoridades investigadoras para imponer sanciones prescriben en siete años, contados a partir del día siguiente a aquel en que se hubiera cometido el acto reprochado.

Por ende, si las autoridades investigadoras, como los órganos internos de control, tienen diversas atribuciones —entre las que destacan recibir denuncias, investigar y calificar las faltas administrativas, determinar la abstención de iniciar el procedimiento de responsabilidad administrativa, substanciar los procedimientos por faltas graves y de particulares, remitir los expedientes al Tribunal Federal de Justicia Administrativa, substanciar el recurso de revocación, interponer recursos, resolver los que se interpongan contra los actos emitidos por las personas titulares del órgano interno de control a su cargo, verificar aleatoriamente las declaraciones de situación patrimonial y de intereses, así como la constancia de presentación de declaración fiscal de las personas servidoras públicas, dar seguimiento a las observaciones determinadas en auditorías y visitas de inspección, requerir a diversas unidades administrativas información y documentación, proporcionar información que se les requiera, realizar auditorías, revisiones y visitas de inspección, informar de sus resultados, realizar la defensa jurídica de sus resoluciones, expedir copias certificadas, presentar denuncias y querellas—, ¿cómo es posible que todavía se les imponga a las autoridades investigadoras y sustanciadoras la carga de realizar notificaciones personales?

Por otra parte, no debe pasar inadvertido que, iniciado el procedimiento administrativo de responsabilidades, en ningún caso podrá dejarse de actuar por más de seis meses sin causa justificada, pues de lo contrario se actualizaría, a petición de parte, la caducidad de la instancia. Esto nos lleva a preguntarnos: ¿realmente nuestros legisladores pretenden prevenir, detectar y erradicar la corrupción?

Es totalmente evidente que los diputados y senadores desconocen que los servidores públicos de primer nivel que cometen actos de corrupción tienen acceso a abogados especializados para impugnar el procedimiento y las resoluciones relacionados con el Sistema Nacional Anticorrupción, los cuales buscarán cualquier ilegalidad dentro del procedimiento para que su cliente no sea sancionado o inhabilitado. De ahí que sea indispensable dotar de herramientas a las autoridades investigadoras y sustanciadoras que agilicen su actuar, respetando en todo momento los principios del debido proceso y de acceso a la administración de justicia, entre otros.

Víctimas sin acceso al procedimiento de responsabilidad administrativa

En primer término, ¿quiénes son las víctimas de la corrupción? ¡Sorpresa! Dentro de las leyes que integran el Sistema Nacional Anticorrupción no se contempla el concepto de quiénes son las «víctimas por actos de corrupción», lo cual es un verdadero absurdo, pues es la población en general la que sufre la mala administración de los recursos públicos, lo que impide conocer las investigaciones en curso.

Eso debe cambiar, pues recordemos que contamos con la soberanía nacional en términos del artículo 39 constitucional, y es el Estado quien se encuentra obligado a reconocer un interés legítimo de la población para entablar acciones en contra de las autoridades corruptas y, de manera preventiva, acceder a la información en tiempo real sobre la obtención, administración y aplicación de los recursos públicos. Particularmente, para conocer si se está cumpliendo realmente con los programas sociales y de desarrollo económico, seguridad, salud y educación, entre otros.

Incluso, se debe conceder el derecho de conocer la materialidad de los actos de la autoridad, pues en muchas ocasiones solo simulan actos de licitación o asignaciones directas, con el objeto de desviar los recursos públicos para los cuales fueron destinados.

En ese sentido, la omisión de reconocer al pueblo como víctima de la corrupción en la Constitución y en las leyes que conforman el Sistema Nacional Anticorrupción impide a los gobernados acceder a la información que les permita medir el beneficio de los programas sociales y, por otro lado, evaluar si el gasto público está llegando al destino para el cual fue considerado. Esto resulta trascendente en la materia administrativa, pues recordemos que aquello que no se mide o evalúa no se puede mejorar o corregir.

De ahí que coincida con el criterio sostenido por Baltazar Pahuamba Rosas, quien en su libro *El derecho humano a la rendición de cuentas objetiva y uso debido de los recursos públicos* concluye que debe ser reconocido por la Constitución, como derecho humano, la rendición de cuentas y el uso debido del recurso público, con el objeto de reconocer un interés legítimo de los ciudadanos para acudir a las instancias judiciales y para participar en la vigilancia del uso adecuado de los recursos públicos.[87]

Si bien es cierto que el artículo 91 de la **Ley General de Responsabilidades Administrativas** concede el derecho a la población en general a presentar denuncias en contra de los actos de corrupción, incluso de manera anónima, también lo es que ello resulta insuficiente como herramienta para prevenir, detectar y erradicar la corrupción, pues el particular no tendrá acceso a la investigación ni podrá coadyuvar con la autoridad investigadora.

Ello se debe a que el Estado, en términos de las fracciones VI y VII del artículo 113 de la *Ley General de Transparencia y Acceso a la Información Pública*, cuenta con la facultad discrecional de considerar «información reservada» aquella que estime que obstruye las actividades de verificación, inspección y auditoría relativas al cumplimiento de las leyes, que afecte la recaudación o, en su caso, que obstruya la prevención o persecución de los delitos.[88]

Al respecto, es evidente que las fracciones IV, VI y VII del artículo 113 de la *Ley General de Transparencia y Acceso a la Información Pública* deberían reformularse, pues ninguna investigación por casos de corrupción debería tratarse de manera «privada» o alejada de la publicidad. Ello en la inteligencia de que los delitos de corrupción cometidos por los servidores públicos deben entenderse como crímenes del Estado, ya que todos los actos de corrupción son ejercidos con las facultades inherentes al empleo, cargo o comisión del servidor público.

Derivado de lo anterior, debe entenderse que dichos actos fueron cometidos por el Estado, el cual no cuenta con la

---

87 Pahuamba Rosas, B. (2021). *El derecho humano a la rendición de cuentas objetiva y uso debido de los recursos públicos* (p. 91). Editorial Espress.

88 Ley General de Responsabilidades Administrativas. (2016, julio). Art. 91. México.

protección de los derechos humanos que se refiere al derecho a la privacidad.[89]

Resulta innegable que una auditoría en la que se pretende conocer actos de corrupción, en ningún momento, podría generar un riesgo a la vida, seguridad o salud de un servidor público, o que, en su defecto, el ofrecimiento de mayores datos de prueba pudiera obstruir las actividades de verificación, inspección y auditoría relativas al cumplimiento de las leyes o afectar la recaudación de contribuciones; mucho menos afectaría la persecución de delitos.

En efecto, la interposición de una denuncia en contra de un servidor público impide que la población en general pueda conocer directamente el procedimiento de investigación que se sigue, así como las autoridades que intervinieron en él. Será hasta la emisión de la calificación de la falta administrativa cuando el denunciante podrá conocer la conclusión de la investigación y las consecuencias de esta, coartando así la posibilidad de enriquecer el expediente.

En consecuencia, si en sede administrativa la población no cuenta con la personalidad para acceder a la información en tiempo real sobre la obtención, administración y aplicación de los recursos públicos, así como para coadyuvar con las investigaciones, mucho menos tendrá la posibilidad de acreditar el interés jurídico ante los órganos jurisdiccionales para ejercer acciones en contra de una autoridad corrupta. Por ello, debemos exigir las reformas necesarias que permitan conocer cómo se sigue una investigación a un servidor público del que se sospecha la realización de actos de corrupción.

A manera de ejemplo, es preciso considerar que, en octubre de 2018, una organización sin fines de lucro presentó una

---

89 Ley General de Transparencia y Acceso a la Información Pública. (2021). Art. 113. México.

denuncia dentro del procedimiento abierto en contra del exgobernador de Veracruz, México, Javier Duarte Ochoa, solicitando a la autoridad investigadora que reconociera su personalidad como «víctima». Argumentaba que los ciudadanos mexicanos fuimos afectados por actos de corrupción derivados de la indebida administración y aplicación de recursos públicos.

Sin embargo, a pesar de haber obtenido una sentencia favorable por un juez de distrito en la Ciudad de México —que sí reconoció el carácter de víctima de la organización—, un tribunal colegiado en materia penal resolvió revocar la sentencia y decretó que esta no sufrió daño o perjuicio alguno en su esfera jurídica como resultado de los delitos denunciados. En consecuencia, solo tenía derecho a denunciar y ser informada sobre los avances de la investigación, pues no existía legislación alguna que reconociera un «derecho humano a vivir en un ambiente libre de corrupción».[90]

Es dable considerar que resultaría materialmente imposible que una autoridad investigadora o un órgano jurisdiccional pudieran atender individualmente los reclamos de cada una de las personas que se consideren afectados por actos de corrupción. De ahí que deba ser la Auditoría Superior de la Federación —en su hipotético carácter de organismo constitucional autónomo— el ente público que dé acceso a los particulares para conocer las investigaciones y, en algunos casos, coadyuvar con éstas. Incluso, que por conducto de dicho ente público se recibieran los reclamos de la sociedad, para que este, a su vez, los esgrimiera ante las diversas autoridades investigadoras y los órganos jurisdiccionales, con los argumentos que estime pertinentes, a fin de alcanzar el objetivo: la sanción de cada caso de corrupción.

90 Nexos. (s. f.). *¿Por qué debe importarnos quién es víctima de delitos de corrupción?* https://anticorrupcion.nexos.com.mx/por-que-debe-importarnos-quien-es-victima-de-delitos-de-corrupcion/

Capítulo IV
Recursos y medios de defensa

I. De los servidores públicos de la administración pública centralizada y descentralizada

Recurso de inconformidad

Se podrá interponer recurso de inconformidad dentro del plazo de cinco días hábiles, contados a partir de la notificación de la resolución, en caso de que las autoridades sustanciadoras o, en su caso, las resolutoras se abstengan de iniciar el procedimiento de responsabilidad administrativa previsto en la *Ley General de Responsabilidades Administrativas*, o de imponer sanciones administrativas a un servidor público, según corresponda.

Esto aplicará cuando, de las investigaciones practicadas o derivado de la valoración de las pruebas aportadas en el procedimiento referido, se advierta que no existe daño ni perjuicio a la Hacienda Pública federal, local o municipal, o al patrimonio de los entes públicos, y se actualice alguna de las siguientes hipótesis:[91]

- Que la actuación del servidor público, en la atención, trámite o resolución de asuntos a su cargo, esté referida a una cuestión de criterio o arbitrio opinable o debatible, en la que válidamente puedan sustentarse diversas soluciones, siempre que la conducta o abstención no constituya una desviación de la legalidad y obren constancias

91 Ley General de Responsabilidades Administrativas. (2016, julio). Arts. 101, 102 y 104. México.

de los elementos que tomó en cuenta el servidor público en la decisión que adoptó.

- O que el acto u omisión haya sido corregido o subsanado de manera espontánea por el servidor público, o implique error manifiesto y, en cualquiera de estos supuestos, los efectos que, en su caso, se hubieren producido, hayan desaparecido.

El escrito de impugnación deberá presentarse ante la autoridad investigadora que hubiere hecho la calificación de la falta administrativa como no grave, expresando los motivos por los que se estime indebida dicha calificación.

Interpuesto el recurso, la autoridad investigadora deberá correr traslado, adjuntando el expediente integrado y un informe en el que justifique la calificación impugnada, a la sala especializada en materia de responsabilidades administrativas que corresponda.

Recurso de revocación

Deberán interponer recurso de revocación los servidores públicos que resulten responsables por la comisión de faltas administrativas no graves, en los términos de las resoluciones administrativas que se dicten conforme al procedimiento de responsabilidad administrativa por las secretarías o los órganos internos de control.

Las resoluciones que resuelvan el recurso de revocación podrán impugnarse ante el Tribunal de Justicia Administrativa, según corresponda.[92]

Se interpone por escrito ante la autoridad que emitió la resolución, dentro de los quince días hábiles siguientes a la fecha

92 Ley General de Responsabilidades Administrativas. (2016, julio). Art. 210. México.

en que surta efectos la notificación respectiva. Su interposición suspende la ejecución de la resolución recurrida, siempre que así lo solicite el recurrente y que con ello no se cause perjuicio al interés social ni se contravengan disposiciones de orden público. La autoridad deberá acordar, en un término de veinticuatro horas, si procede o no la suspensión. [93]

Recurso de reclamación

Procede en contra de las resoluciones de las autoridades sustanciadoras o resolutoras que admitan, desechen o tengan por no presentado el Informe de Presunta Responsabilidad Administrativa, la contestación o alguna prueba; las que decreten o nieguen el sobreseimiento del procedimiento de responsabilidad administrativa antes del cierre de instrucción; y aquellas que admitan o rechacen la intervención del tercero interesado. [94]

Se interpondrá ante la autoridad sustanciadora o resolutora, según corresponda, dentro de los cinco días hábiles siguientes a aquel en que surta efectos la notificación. Interpuesto el recurso, se ordenará correr traslado a la contraparte por el término de tres días hábiles, para que exprese lo que a su derecho convenga. Sin más trámite, se dará cuenta al tribunal para que resuelva en el término de cinco días.

Recurso de apelación

Procede en contra de las resoluciones emitidas por los tribunales que determinen imponer sanciones por la comisión de faltas administrativas graves o de faltas de particulares, así como de

---

93 Ley General de Responsabilidades Administrativas. (2016, julio). Art. 212. México.

94 Ley General de Responsabilidades Administrativas. (2016, julio). Arts. 213 y 214. México.

aquellas que determinen que no existe responsabilidad administrativa por parte de los presuntos infractores, ya sean servidores públicos o particulares.

Se promueve por escrito ante el tribunal, dentro de los quince días hábiles siguientes a aquel en que surta efectos la notificación.[95]

Las autoridades que conozcan de la apelación deberán resolver, en el plazo de tres días hábiles, si admiten el recurso o lo desechan por actualizarse un motivo manifiesto e indudable de improcedencia.

El tribunal procederá al estudio de los conceptos de apelación atendiendo a su prelación lógica. En todos los casos, se privilegiará el estudio de los conceptos de apelación de fondo por encima de los de procedimiento y forma, salvo que invertir el orden dé certeza de la inocencia del servidor público, del particular o de ambos; o bien, que en el caso de que el recurrente sea la autoridad investigadora, las violaciones de forma hayan impedido conocer con certeza la responsabilidad de los involucrados.

Recurso de revisión

Las resoluciones definitivas que emita el Tribunal Federal de Justicia Administrativa podrán ser impugnadas por la Secretaría Anticorrupción y Buen Gobierno, los órganos internos de control de los entes públicos federales o la Auditoría Superior de la Federación, interponiendo recurso de revisión mediante escrito que se presente ante el propio tribunal, dentro de los diez días hábiles siguientes a aquel en que surta efectos la notificación respectiva.[96]

95 Ley General de Responsabilidades Administrativas. (2016, julio). Arts. 215-219. México.

96 Ley General de Responsabilidades Administrativas. (2016, julio). Arts. 220 y 221. México.

La tramitación del recurso de revisión se sujetará a lo establecido en la *Ley de Amparo*, reglamentaria de los artículos 103 y 107 de la *Constitución Política de los Estados Unidos Mexicanos*, para la substanciación de la revisión en amparo indirecto, y en contra de la resolución dictada por el Tribunal Colegiado de Circuito no procederá juicio ni recurso alguno.

Área de oportunidad IV
Caducidad del procedimiento

El Tribunal Federal de Justicia Administrativa, en lo que se refiere a la imposición de sanciones graves a servidores públicos y particulares relacionados, ejerce materialmente funciones de una autoridad administrativa, sin que ello implique abandonar su carácter de órgano jurisdiccional. Esta situación lo constriñe a emitir sus fallos debidamente fundados y motivados, en estricto apego a los principios de legalidad, exhaustividad y congruencia, tal como lo dispone el párrafo cuarto del artículo 1.º de la *Ley Orgánica del Tribunal Federal de Justicia Administrativa* y el artículo 50 de la *Ley Federal de Procedimiento Contencioso Administrativo,* aplicado de manera supletoria a la materia en términos del artículo 118 de la *Ley General de Responsabilidades Administrativas.*

Ahora bien, el Tribunal Federal de Justicia Administrativa, al formar parte del Sistema Nacional Anticorrupción, de conformidad con el artículo 113 de la *Constitución Política de los Estados Unidos Mexicanos* y el artículo 1.º, párrafo tercero, de la *Ley Orgánica del Tribunal Federal de Justicia Administrativa,* se encuentra formalmente obligado a cumplir con la facultad reglada prevista en el artículo 74 de la *Ley General de Responsabilidades Administrativas.* Dicho dispositivo legal impide la inactividad por más de seis meses dentro de cualquier procedimiento de responsabilidades administrativas.

En ese sentido, si el procedimiento de responsabilidad administrativa inicia con la admisión del informe de presunta responsabilidad administrativa a través de la autoridad sustanciadora, y culmina con la notificación personal de la resolución que impone una sanción al presunto responsable, ello implica que los actos y resoluciones tendientes a resolver el asunto —emitidos tanto por la autoridad sustanciadora como, en su caso, por el Tribunal Federal de Justicia Administrativa— no pueden superar los seis meses de inactividad, pues se actualizaría la caducidad de la instancia a petición de parte.[97]

El lector deberá considerar lo siguiente: las cargas de trabajo con las que cuenta la autoridad sustanciadora, y no se diga el propio Tribunal Federal, son demasiado extensas y, normalmente, la emisión de sus resoluciones y sentencias supera con exceso los seis meses. De ahí que, en tratándose de sanciones graves, el interesado únicamente tendría que esperar seis meses de inactividad del Tribunal Federal de Justicia Administrativa o de la autoridad sustanciadora para solicitar, en un sencillo escrito, la caducidad de la instancia, en términos del artículo 74 de la ley de referencia, lo cual generaría impunidad sobre el acto reprochado, contrariando el espíritu del Sistema Nacional Anticorrupción.

La realidad es que el trabajo que desempeñan los profesionistas que laboran en los tribunales federales de justicia administrativa es abrumador, pues cada año resuelven cientos o miles de asuntos administrativos. Cada uno de ellos debe ser estudiado para su correcta resolución de manera fundada y motivada. Sin embargo, durante el proceso de promulgación de la *Ley General de Responsabilidades Administrativas*, el legislador pasó completamente inadvertido que este tipo de procedimientos merecen un estudio sistemático y complejo con el objeto de no dejar en indefensión a las partes, y en muchas ocasiones eso no puede ocurrir en un plazo de seis meses.

---

97 Ley General de Responsabilidades Administrativas. (2016, julio). Art. 74. México.

De ahí que mi propuesta se encamine a reformar el artículo 74 de la *Ley General de Responsabilidades Administrativas*, con el objeto de que la caducidad de la instancia se actualice cuando transcurran dos años de inactividad por parte de las autoridades sustanciadoras o resolutoras, con el objeto de conceder a dicho Tribunal un plazo razonable para resolver el fondo del asunto.

Uso de la tecnología

¿Por qué no se permite la interposición de medios de defensa por la vía electrónica a los servidores públicos y particulares relacionados? En materia fiscal se permite la comunicación entre las autoridades y los gobernados a través del buzón tributario, o bien, la interposición de recursos de revocación en línea.

Estas herramientas tecnológicas, si bien ya estaban en uso previo a la emergencia de salud que derivó del COVID-19, tuvieron en esa etapa un auge en su utilización con el objeto de evitar la propagación del virus. A la fecha, resultan ser mecanismos muy útiles que debemos seguir aplicando y fomentar en todos los procedimientos, incluso en los de responsabilidades administrativas, por el tipo de prescripción que se utiliza y que fomenta la impunidad.

Las ventajas de estas herramientas electrónicas son que cualquier servidor público, incluso los particulares relacionados, pueden usarlas desde la comodidad de su casa u oficina. Por ende, si en el derecho administrativo ya existen este tipo de mecanismos que ahorran tiempo en el desarrollo de las funciones propias del ente público y cubren las necesidades de los particulares para comunicarse con las respectivas autoridades, ¿por qué no se utilizan en el procedimiento de responsabilidad administrativa?

Capítulo V
Declaración de procedencia y juicio político

La diferencia entre el «juicio político» y la «declaración de procedencia» es que el primero tiene como objeto sancionar con inhabilitación o destitución a los servidores públicos señalados en el artículo 110 de la *Constitución Política de los Estados Unidos Mexicanos*. Es decir, a los senadores y diputados al Congreso de la Unión, los ministros de la Suprema Corte de Justicia de la Nación, los consejeros de la Judicatura Federal, los secretarios de despacho, el fiscal general de la República, los magistrados de circuito y jueces de distrito, el consejero presidente, los consejeros electorales y el secretario ejecutivo del Instituto Nacional Electoral, los magistrados del Tribunal Electoral, los integrantes de los órganos constitucionales autónomos, los directores generales y sus equivalentes de los organismos descentralizados, las empresas de participación estatal mayoritaria, las sociedades y asociaciones asimiladas a estas y los fideicomisos públicos.

Mientras tanto, la declaración de procedencia tiene como objeto permitir que una autoridad ajena al Congreso de la Unión juzgue y procese al inculpado, cuya naturaleza es estrictamente penal.[98]

98 Gutiérrez Mendoza, O. (2017). *El juicio político y la declaración de procedencia en el derecho mexicano* (p. 121). Editorial Porrúa.

I. Juicio político

Este procedimiento se sigue en contra de funcionarios públicos que originalmente cuentan con una inmunidad parlamentaria, es decir, que se encuentran protegidos por el fuero constitucional del que gozan. Una característica trascendental es que es el propio Poder Legislativo quien deja a un lado sus funciones para constituirse en un órgano juzgador.

Fuero constitucional

Como se comentó anteriormente, la finalidad del fuero constitucional estriba en mantener el equilibrio entre los poderes del Estado para facilitar el funcionamiento normal del Gobierno Constitucional. Asimismo, los diputados tienen la facultad de no comparecer ante cualquier jurisdicción sin previa declaración de la propia cámara a la que pertenecen.

En consecuencia, el fuero opera como un impedimento para que la asamblea sea privada de uno de sus miembros por intervención de una jurisdicción extraña, sin que ello implique revestir a sus integrantes de total «impunidad». Lo que establece es que las jurisdicciones ajenas a la asamblea están obligadas a esperar la autorización correspondiente para poder juzgar a uno de sus miembros.[99]

Su objetivo principal es la destitución del funcionario para separarlo de su encargo y, como objetivo secundario, la inhabilitación para ocupar un cargo público, derivado de actos u omisiones que afecten la buena marcha de la administración pública.[100]

---

99 Martínez Garnelo, J. (2008). *Antología de las responsabilidades administrativas* (p. 328). México: Editorial Flores Editor.

100 Constitución Política de los Estados Unidos Mexicanos. (1917). Art. 110. México.

Procedimiento

a. Inicia con una denuncia presentada por cualquier ciudadano, bajo su más estricta responsabilidad, ante la Cámara de Diputados, cuando los servidores públicos realicen actos u omisiones que causen perjuicio a los intereses públicos.
b. El escrito que contenga la denuncia debe acompañarse de las pruebas que sustenten la acusación o, en su defecto, señalar el archivo en que se encuentren o la autoridad que las posea.
c. Las denuncias deberán presentarse durante el periodo en que el funcionario se encuentre desempeñando el cargo, o hasta un año después de que lo haya concluido, y deberán acompañarse de la identificación del acusador.[101]
d. Las sanciones correspondientes se aplicarán en un periodo no mayor de un año a partir de iniciado el procedimiento.
e. La Cámara de Diputados es la responsable de sustanciar el procedimiento, pero serán ambas cámaras quienes conformen la «Gran Comisión», autoridad competente para elaborar el dictamen que se someterá a la aprobación de la Cámara de Senadores, la cual funge como jurado de sentencia.

101 Constitución Política de los Estados Unidos Mexicanos. (1917). Art. 114. México.

Características principales[102]

La acusación realizada por el particular deberá presentarse dentro del periodo en que el funcionario esté desempeñando su cargo, y como máximo un año después de haberlo dejado.

Es un procedimiento de una sola instancia que inicia con la emisión de un acuerdo del presidente del Senado, con el que se conforma un «jurado de sentencia». En este procedimiento no existen recursos o incidentes que pudieran provocar fases dilatorias o perentorias, o de previo y especial pronunciamiento.

Opera una coordinación entre la Cámara de Diputados y la Cámara de Senadores; poder cuyas facultades resultan ser formalmente legislativas, pero que en este caso realiza funciones materialmente jurisdiccionales, siempre garantizando la audiencia del inculpado.

Únicamente los servidores públicos mencionados en el artículo 110 de la Constitución Política de los Estados Unidos Mexicanos podrán ser sometidos a juicio político por violaciones graves a la Constitución y a las leyes que de ella emanen, así como por la aplicación y el manejo indebido de fondos o recursos federales.

Consecuencias

La sanción deriva únicamente en dos tipos de penas administrativas: destitución e inhabilitación del servidor público.

---

102 Gutiérrez Mendoza, O. (2017). *El juicio político y la declaración de procedencia en el derecho mexicano* (p. 76). Editorial Porrúa.

Recursos improcedentes

La *Constitución Política de los Estados Unidos Mexicanos* determina expresamente que son inatacables las declaraciones y resoluciones de la Cámara de Diputados y de la Cámara de Senadores.

II. Declaración de procedencia

Es un procedimiento que inicia con la petición que formula el Ministerio Público al Poder Legislativo, con el objeto de que un funcionario público de alta jerarquía pueda ser sujeto a proceso judicial estrictamente penal, como los diputados y senadores, los ministros de la Suprema Corte de Justicia de la Nación, los magistrados de la Sala Superior del Tribunal Electoral, los consejeros de la Judicatura Federal, los secretarios de despacho, el fiscal general de la República, así como el consejero presidente y los consejeros electorales del Consejo General del Instituto Nacional Electoral.

Si bien este procedimiento tiene por objeto emitir una resolución que «declare» procedente o improcedente poner a disposición del Ministerio Público a un funcionario de alto nivel, lo cierto es que, cuando el Congreso de la Unión —por mayoría absoluta— emite esa resolución, esta resulta ser de carácter **declarativo**, toda vez que no se juzga sobre el fondo del asunto, ya que esa facultad corresponde a la jurisdicción penal respectiva.

Si la resolución de la Cámara fuese negativa, se suspenderá todo procedimiento ulterior; pero ello no será obstáculo para que la imputación por la comisión del delito continúe su curso cuando el inculpado haya concluido el ejercicio de su encargo, pues dicha resolución no prejuzga los fundamentos de la imputación.[103]

Esas resoluciones resultan ser inatacables (procedentes o improcedentes) y, si el funcionario en cuestión es separado del cargo pero obtiene una sentencia que le favorezca, entonces podrá regresar al cargo que ocupaba previamente a la declaratoria de procedencia, siempre y cuando materialmente resulte procedente.

Para poder proceder penalmente por delitos federales contra los ejecutivos de las entidades federativas, diputados locales, magistrados de los tribunales superiores de justicia de las entidades federativas, en su caso, los miembros de los consejos de las judicaturas locales y los integrantes de los organismos a los que las constituciones locales les otorguen autonomía, se seguirá el mismo procedimiento establecido en este artículo. Sin embargo, en este supuesto, la declaración de procedencia será para el efecto de que se comunique a las legislaturas locales, a fin de que, en ejercicio de sus atribuciones, procedan como corresponda.

103 Constitución Política de los Estados Unidos Mexicanos. (1917). Art. 111. México.

Área de oportunidad V

Fuero constitucional

- El fuero político no es otra cosa más que una protección propia de la realeza que corrompe la igualdad entre los hombres.
- Fomenta el delito y los actos de corrupción bajo la fórmula: **inmunidad = impunidad**.
- Crea la idea de «semidioses» que ejercen funciones legislativas por el mandato y protección de un ser supremo.
- Es un obstáculo para alcanzar la justicia.

Juicio político

- Es tan ineficaz que únicamente inhabilita y destituye; es decir, no existe una verdadera sanción para el responsable, aun cuando pudiera haber desviado millones de pesos de recursos públicos. Prácticamente constituye un boleto de vacaciones para disfrutar lo robado.
- La misma clase gobernante juzga a uno de sus miembros, lo que impide una verdadera objetividad durante el juicio. Esta situación podría cambiar si el Gran Jurado estuviera conformado únicamente por legisladores de la oposición, es decir, de aquellos que no representen al partido político en el poder. No obstante, ello tampoco es una total garantía, pues ya hemos conocido a «chapulines» que cambian de convicciones políticas de la noche a la mañana.
- Bajo la premisa de que el juicio político procede hasta un año después de que el servidor público abandonó

el puesto, resulta necesario mencionar que esta idea es poco lógica, pues si la consecuencia de iniciarlo es emitir una resolución que inhabilite o destituya a una persona, nada práctico tendría realizar todas las gestiones de este procedimiento sobre alguien que ya no ostenta la representación del ente público o el cargo de referencia.

- Las sanciones (inhabilitación y destitución), según el artículo 114 de la *Constitución Política de los Estados Unidos Mexicanos,* deben aplicarse en un periodo no mayor de un año a partir del inicio del procedimiento. Sin embargo, además de ser una norma imperfecta —porque no contiene una consecuencia para el Gran Jurado que no aplique las sanciones dentro del plazo referido—, resulta ser un dispositivo constitucional que fomenta la impunidad, pues la prescripción de las facultades punitivas de la autoridad no debe existir en la legislación mexicana, y menos aún en la norma constitucional, con el objeto de ser congruente ante la necesidad de combatir la corrupción.
- En el supuesto no concedido de que este juicio político fuera una verdadera herramienta eficaz en contra de la corrupción, en todo caso debería darse oportunidad al servidor público de impugnar la decisión del Gran Jurado ante los tribunales federales. No permitir el acceso a un recurso o medio de defensa coarta el derecho de cualquier ciudadano en términos del artículo 17 constitucional. Además, no debe pasar inadvertido que la función preponderante del poder legislativo es legislar, siendo el caso que, materialmente, en este procedimiento realiza funciones jurisdiccionales.
- Tampoco debe olvidarse que algunas normas emitidas por el poder legislativo resultan totalmente inconstitucionales, es decir, son falibles, lo que implica que sus

decisiones no siempre se apegan a derecho ni resultan jurídicamente correctas. De ahí la necesidad indispensable de crear un órgano revisor de las resoluciones del Gran Jurado.

En México el fuero Constitucional es un escudo protector para los legisladores que se presume han cometido delitos. Tenemos el caso de Cuauhtémoc Blanco, exjugador profesional de futbol, quien fue acusado de intento de violación por su hermanastra, pero la Cámara de Diputados (especialmente las Diputadas fueron las que se apersonaron en la tribuna para defender al legislador) evitando que se le retirara el fuero político. Acto vergonzoso para las propias Diputadas que lo defendieron, pero más para el pueblo mexicano que nuevamente fue testigo de un acto de impunidad.

Otro ejemplo y más devastador, es el de Hernán Bermúdez Requena, alias Comandante H, quien fuera secretario de Seguridad de Tabasco entre 2018 y enero de 2025, durante la administración de Adán Augusto López. Servidores públicos que según las investigaciones se encuentran estrechamente ligados a una organización criminal denominada «La Barredora», dedicada a actividades como extorsión, robo de combustible, narcotráfico, tráfico de personas, manejo de plazas del crimen, etc.

Desde el 2021 existen informes de inteligencia que señalaban a Bermúdez como una pieza clave en la estructura criminal de referencia, utilizando su posición de servidor público para facilitar operaciones delictivas, encubrirlas o incluso ordenar actos: situación que compromete directamente al ahora senador Adán Augusto López, quien ahora cuenta con fuero político y que manifiesta desconocer las actividades delictivas del entonces secretario de seguridad.

En septiembre de 2025 se descubrieron depósitos millonarios en las cuentas bancarias del ahora senador antes Gobernador, el cual no ha podido comprobar su origen, sin que alguna autoridad pueda actuar en su contra, derivado de la protección constitucional con la que cuenta precisamente por su actividad legislativa, situación que demuestra que esta figura jurídica únicamente es un medio para obtener la impunidad que tanto lastima a la sociedad.

Cuando era joven pensaba en incorporarme pronto a la vida política (...). Observando las muchas fechorías cometidas, me alejé de las miserias de entonces (...).

SÓCRATES, CONDENADO A MUERTE

Capítulo VI
Rendición de cuentas

Declaración patrimonial

¿Quiénes deben presentar declaración patrimonial?

Servidores públicos: los representantes de elección popular, los miembros del Poder Judicial de la Federación, los funcionarios y empleados y, en general, toda persona que desempeñe un empleo, cargo o comisión de cualquier naturaleza en el Congreso de la Unión o en la Administración Pública Federal, así como los servidores públicos de los organismos a los que esta Constitución otorgue autonomía, quienes serán responsables por los actos u omisiones en que incurran en el desempeño de sus respectivas funciones.[104]

¿Cuándo debo de presentar mi declaración patrimonial?[105]

- **Inicial**: dentro de los 60 días naturales siguientes a la toma de posesión.
- **Modificación**: cada mes de mayo.
- **Conclusión**: dentro de los 60 días naturales siguientes a dejar el cargo.

---

104 Constitución Política de los Estados Unidos Mexicanos. (1917). Art. 108. México.

105 Ley General de Responsabilidades Administrativas. (2016, julio). Art. 33. México.

¿Cómo se hace una declaración patrimonial?

La declaración de modificación patrimonial es la manifestación que hacen los servidores públicos sobre su patrimonio, con la finalidad de verificar su evolución y la congruencia entre los ingresos y egresos.

¿Cómo se hace una declaración patrimonial?

La declaración de modificación patrimonial es la manifestación que hacen los servidores públicos sobre su patrimonio, con la finalidad de verificar su evolución y la congruencia entre los ingresos y egresos.

¿Qué tipo de documentación debo tener para el llenado de mi declaración?

a. Clave Única de Registro de Población (CURP) emitida por la Secretaría de Gobernación.
b. Registro Federal de Contribuyentes (RFC) emitido por el Servicio de Administración Tributaria (SAT).
c. Acta de matrimonio.
d. Comprobante de domicilio.
e. *Curriculum vitae.*
f. Recibo de nómina o declaración fiscal.
g. Escrituras públicas o contratos de bienes inmuebles.
h. Facturas de vehículos y bienes muebles.
i. Contratos y estados de cuenta bancarios.
j. Contratos y estados de cuenta de gravámenes y adeudos.
k. Comprobante de percepciones de sueldo u otros ingresos.
l. Actas constitutivas de sociedades y asociaciones.
m. Cualquier otro documento necesario para las declaraciones.

¿Cómo se presenta una declaración patrimonial?

Se presenta a través de medios electrónicos. En el caso de municipios que no cuenten con las tecnologías de la información y comunicación necesarias para cumplir con lo anterior, podrán emplearse formatos impresos, siendo responsabilidad de los órganos internos de control y de las secretarías verificar que dichos formatos sean digitalizados e incorporados al sistema de evolución patrimonial y de declaración de intereses.[106]

¿Incremento inexplicable del patrimonio?

En los casos en que la declaración de situación patrimonial del declarante refleje un incremento en su patrimonio que no sea explicable o justificable en virtud de su remuneración como servidor público, las secretarías y los órganos internos de control solicitarán de inmediato que se aclare el origen de dicho enriquecimiento.

De no justificarse la procedencia del enriquecimiento, las secretarías y los órganos internos de control procederán a integrar el expediente correspondiente para formular la denuncia respectiva ante el Ministerio Público.[107]

¿Qué tipo de información deberá proporcionarse al Órgano Interno de Control?

Los declarantes estarán obligados a proporcionar a las secretarías y a los órganos internos de control la información que se requiera para verificar la evolución de su situación patrimonial,

106 Ley General de Responsabilidades Administrativas. (2016, julio). Art. 34. México.

107 Ley General de Responsabilidades Administrativas. (2016, julio). Art. 37. México.

incluyendo la correspondiente a sus cónyuges, concubinas o concubinarios y dependientes económicos directos.[108]

¿Qué bienes se considerarán propiedad del servidor público?

Se computarán entre los bienes que adquieran los declarantes, o respecto de los cuales se conduzcan como dueños, aquellos que reciban o de los que dispongan su cónyuge, concubina o concubinario y sus dependientes económicos directos, salvo que se acredite que estos los obtuvieron por sí mismos.[109]

¿Qué ocurre en caso de donaciones?

En caso de que los servidores públicos, sin haberlo solicitado, reciban de un particular, de manera gratuita, la transmisión de la propiedad o el ofrecimiento para el uso de cualquier bien con motivo del ejercicio de sus funciones, deberán informarlo inmediatamente a las secretarías o al órgano interno de control.

En caso de recepción de bienes, los servidores públicos deberán ponerlos a disposición de las autoridades competentes en materia de administración y enajenación de bienes públicos.[110]

Consecuencias

Incurrirá en **enriquecimiento oculto** u **ocultamiento de conflicto de interés** el servidor público que falte a la veracidad en la presentación de las declaraciones de situación patrimonial o de

108 Ley General de Responsabilidades Administrativas. (2016, julio). Art. 38. México.
109 Ley General de Responsabilidades Administrativas. (2016, julio). Art. 39. México.
110 Ley General de Responsabilidades Administrativas. (2016, julio). Art. 40. México.

intereses, con el fin de ocultar, respectivamente, el incremento en su patrimonio o el uso y disfrute de bienes o servicios que no sean explicables o justificables, o bien un conflicto de interés.[111]

Instrumentos de rendición de cuentas

Ley 3 de 3

a. Sistema de evolución patrimonial.
b. Sistema de declaración de conflicto de intereses.
c. Constancia de declaración fiscal.

La información relativa deberá ser presentada de forma electrónica en la Plataforma Digital Nacional, que, de acuerdo con los principios de transparencia previstos en el artículo 6.° constitucional, debe ser de carácter público, por lo que cualquier ciudadano podrá tener acceso a ella. La información contenida en dichos instrumentos deberá encontrarse dentro de los términos de rendición de cuentas y, en caso de observarse irregularidades o inconsistencias, podrá ser sometida a procedimiento administrativo sancionador o a una investigación penal.

Acta de entrega-recepción

Gobierno Federal. Es un proceso legal, administrativo y formal de carácter obligatorio, a través del cual un representante del ente público o unidad administrativa saliente entrega los recursos, bienes patrimoniales, documentación comprobatoria y justificativa al representante del ente público o unidad

111 Ley General de Responsabilidades Administrativas. (2016, julio). Art. 60. México.

administrativa entrante, mediante acta circunstanciada que refleja la organización interna, la situación programática, presupuestal y financiera; los recursos humanos y materiales; el grado de cumplimiento de las disposiciones legales aplicables; y los demás asuntos de su competencia.

La normatividad utilizada por el Gobierno Federal de México para la celebración de las actas de entrega-recepción es la siguiente:

- Ley General de Responsabilidades Administrativas.
- Lineamientos Generales para la Regulación de los Procedimientos de Rendición de Cuentas de la Administración Pública Federal[112]
- Acuerdo por el que se establecen las bases generales para los procedimientos de rendición de cuentas, individuales e institucionales, de la Administración Pública Federal[113]

Estos lineamientos tienen como objeto regular y homologar el procedimiento de rendición de cuentas institucional e individual de manera ordenada, eficiente, transparente, honesta, profesional, confiable, oportuna y homogénea. Lo más destacable es la regulación sobre el tipo de actas que deberán levantar los servidores públicos cuando se ordene la liquidación, extinción, fusión, disolución o cualquier otro acto jurídico análogo de los entes públicos o, en su defecto, cuando sus atribuciones se transfieran, redistribuyan o reasignen. Incluso, se prevé el tipo de actas que deberán levantar los titulares de los entes públicos al separarse del empleo, cargo o comisión. Estas actas se dividen en **individual** e **institucional**.

---

112 Diario Oficial de la Federación. (2023, julio 11). https://www.dof.gob.mx/nota_detalle.php?codigo=5695305&fecha=11/07/2023#gsc.tab=0

113 Diario Oficial de la Federación. (2023, junio 5). https://www.dof.gob.mx/nota_detalle.php?codigo=5691054&fecha=05/06/2023#gsc.tab=0

Acta individual

Personas obligadas. Están obligadas a realizar acta administrativa de entrega-recepción individual las personas servidoras públicas con nivel de titular de dependencia, entidad y de las empresas productivas del Estado, hasta las personas servidoras públicas con nivel de director general, que se encuentren en los grupos jerárquicos «G», «H», «J» y «K» de conformidad con el *Acuerdo mediante el cual se expide el Manual de Percepciones de los Servidores Públicos de las Dependencias y Entidades de la Administración Pública Federal*, ajustado al tabulador de sueldos y salarios con curva salarial del sector central.

La obligación de realizar esta acta individual comprende los niveles que se ajustan al tabulador de sueldos y salarios con curva salarial específica y a los equivalentes en las empresas productivas del Estado. Incluye a las personas titulares de las unidades de Administración y Finanzas, titulares de los órganos internos de control y de las unidades de responsabilidades, así como a los titulares de las áreas que los integran en el caso de estos dos últimos, al separarse de su empleo, cargo o comisión.

Las personas servidoras públicas de niveles inferiores tendrán la obligación de realizar el acta de entrega-recepción individual siempre que administren o manejen fondos, bienes o valores públicos; y, para el caso de directores, cuando así lo determine la persona titular de la dependencia, entidad o empresa productiva del Estado correspondiente, por la naturaleza e importancia de la función pública que desempeñan.

Los directores de área y hasta jefes de departamento únicamente deberán realizar el **Informe de gestión individual**.

También deberán llevar a cabo el procedimiento de rendición de cuentas individual las personas servidoras públicas que, por comisión, suplencia, encargo o bajo cualquier otra figura, hayan quedado como encargados provisionales de alguna unidad administrativa cuyo titular esté obligado a cumplir con esta disposición.

Las personas titulares de las dependencias y entidades, y de las empresas productivas del Estado, por medio de la Unidad de Administración y Finanzas o equivalente, en coordinación con las unidades administrativas y con la opinión previa de la persona titular del Órgano Interno de Control o de la Unidad de Responsabilidades de las empresas productivas del Estado, en el ámbito de su competencia y según corresponda, deberán remitir por escrito al Comité de Control y Desempeño Institucional o al Comité de Auditoría, según el caso, el documento en el que conste la relación de los puestos obligados a realizar el acta administrativa de entrega-recepción individual o el informe de gestión individual. Dicho documento deberá señalar nombre, cargo, área de adscripción, ubicación física y tipo de fondos, bienes y valores públicos que tengan a su cargo, así como las actualizaciones correspondientes, considerando alguna eventual reestructura orgánica en las dependencias, entidades y empresas productivas del Estado o cualquier otro hecho que lo amerite.

Acta de entrega-recepción individual

Es el documento que deben presentar las personas servidoras públicas conforme a lo establecido en los artículos décimo primero, fracción I, y décimo tercero del *Acuerdo por el que se establecen las bases generales para los procedimientos de rendición de cuentas, individuales e institucionales, de la Administración Pública Federal*, y en el artículo 41 de los lineamientos.

- **Artículo décimo primero.** El procedimiento de rendición de cuentas individual se integra por:

I. El acta de entrega-recepción individual de recursos presupuestarios, financieros, humanos y materiales asignados, para el caso de las personas servidoras públicas siguientes:

   I. Desde los titulares de las dependencias y entidades de la Administración Pública Federal, incluidos los de las empresas productivas del Estado, hasta los directores generales, o sus equivalentes tanto en el sector centralizado como en el sector paraestatal y en las empresas productivas del Estado;
   II. Los directores cuando, con motivo de la importancia de sus facultades, lo determine el titular de la dependencia, entidad o empresa productiva del Estado a la que se encuentren adscritos;
   III. Las de niveles jerárquicos inferiores al de director general cuando tengan facultad para administrar o manejar fondos, bienes o valores públicos;
   IV. Los titulares de las unidades de Administración y Finanzas o equivalentes tanto en el sector centralizado como en el sector paraestatal y en las empresas productivas del Estado;
   V. Los titulares de los órganos internos de control y los de las áreas que los integran, y
   VI. Los titulares de las unidades de responsabilidades de las empresas productivas del Estado y los de las áreas que las integran, y

II. El informe de gestión individual, para los casos comprendidos desde los directores hasta los jefes de departamento o sus equivalentes tanto en el sector centralizado como en el sector paraestatal y en las empresas productivas del Estado, que no se ubiquen en los supuestos de la fracción anterior.

- **Artículo décimo tercero.** El acta administrativa de entrega-recepción, tanto institucional como individual, debe describir el estado de la dependencia, entidad, empresa productiva del Estado o unidad administrativa correspondiente, y contendrá, entre otros apartados, los siguientes:

    I. Marco jurídico de actuación;
    II. Situación programática, presupuestaria y financiera;
    III. Situación de los recursos materiales, estudios, proyectos y, en su caso, obras públicas en proceso;
    IV. Situación de los recursos humanos, en la que se precise, en su caso, la de las personas servidoras públicas sujetas a la Ley del Servicio Profesional de Carrera en la Administración Pública Federal o a otros servicios de carrera establecidos legalmente;
    V. Informe de los asuntos a su cargo y del estado que guarden;
    VI. Situación de las observaciones de auditoría en proceso de atención;
    VII. Informe sobre el cumplimiento de las obligaciones establecidas en la *Ley Federal de Transparencia y Acceso a la Información Pública*, y
    VIII. Los demás requisitos que se establezcan en los lineamientos que al efecto expida la Secretaría Anticorrupción y Buen Gobierno.

El acta administrativa de entrega-recepción individual, así como el informe de gestión individual, deberán realizarse en un plazo máximo de quince días hábiles, contados a partir del día siguiente a aquel en que surta efectos la separación del empleo, cargo o comisión del servidor público saliente o de aquel que hubiera recibido el cargo de manera provisional.

La persona servidora pública saliente deberá iniciar la preparación del procedimiento de rendición de cuentas individual desde el momento en que tenga conocimiento de que dejará de ocupar el empleo, cargo o comisión, e informará de este hecho, por escrito, al órgano interno de control o a la unidad de responsabilidades de las empresas productivas del Estado, en el ámbito de su competencia y según corresponda.

Lo anterior procederá sin perjuicio de cumplir con la obligación de mantener ordenados y actualizados en forma permanente sus registros, controles, archivos y demás documentación relacionada con sus facultades.

En el contenido del Acta Administrativa de Entrega-Recepción Individual, la persona servidora pública saliente anexará su renuncia o, en su caso, hará constar el motivo de su separación en la titularidad del empleo, cargo o comisión.

Sistema de Entrega-Recepción y Rendición de Cuentas (SERC)

El Acta Administrativa de Entrega-Recepción Individual se procesará y presentará por la persona servidora pública saliente por medio del **SERC**, conforme al Manual de Usuario destinado para ello, registrándose en dicho sistema electrónico y generando su usuario y contraseña.

Una vez concluido el Procedimiento de Rendición de Cuentas Individual en el SERC, el *Acta Administrativa de Entrega-Recepción Individual* deberá suscribirse por la persona servidora pública que entrega, la que recibe, la persona representante del Órgano Interno de Control, la persona designada por la Coordinación General de Órganos de Vigilancia y Control o la persona representante de la Unidad de Responsabilidades de las empresas productivas del Estado —según corresponda—, así como por dos personas servidoras públicas en calidad de testigos, previo registro en el SERC, utilizando para ello su usuario y contraseña.

Formalización

La formalización del *Acta de Entrega-Recepción Individual* deberá contar con la intervención del Órgano Interno de Control, de la persona designada por la Coordinación General de Órganos de Vigilancia y Control o de la Unidad de Responsabilidades de las empresas productivas del Estado —en el ámbito de su competencia y según corresponda—, y con la presencia de dos personas servidoras públicas en calidad de testigos de asistencia.

El Órgano Interno de Control, la Coordinación General de Órganos de Vigilancia y Control o la Unidad de Responsabilidades de las empresas productivas del Estado —en el ámbito de su competencia y según corresponda— designarán a sus representantes para participar en el procedimiento. Previa solicitud de la persona servidora pública saliente y antes de la firma del Acta Administrativa de Entrega-Recepción Individual, prevista en el artículo 48 de los *Lineamientos Generales para la Regulación de los Procedimientos de Rendición de Cuentas de la Administración Pública Federal*, revisarán su contenido y sus anexos, sin que ello implique validación o responsabilidad alguna respecto de los mismos.

Verificación

La verificación del contenido del *Acta Administrativa de Entrega-Recepción Individual* y del *Informe de Gestión Individual* deberá realizarse por la persona servidora pública entrante, por el superior jerárquico o por la persona designada por este para recibir el despacho, considerando un plazo máximo de treinta días hábiles contados a partir de la fecha en que se firme en el SERC la entrega-recepción correspondiente.

Durante el periodo señalado en el párrafo anterior, la persona servidora pública saliente, así como aquellas que hayan contribuido con información para el *Acta Administrativa de Entrega-Recepción Individual*, podrán ser requeridas, por escrito, por la persona entrante para que realicen aclaraciones o proporcionen información adicional. Dichas respuestas deberán emitirse en un plazo no mayor de diez días hábiles contados a partir del día siguiente de la notificación.

Para tal efecto, la persona servidora pública entrante deberá otorgar todas las facilidades necesarias a la saliente para que tenga acceso a la información utilizada durante su gestión. La persona entrante contará con diez días hábiles para revisar las aclaraciones mencionadas y, en caso de subsistir irregularidades, deberá hacerlo del conocimiento, dentro de los tres días hábiles siguientes, al Órgano Interno de Control o a la Unidad de Responsabilidades de las empresas productivas del Estado, según corresponda. En caso de omisión, se procederá de conformidad con el régimen de responsabilidades de las personas servidoras públicas.

Incapacidad para formular el acta de entrega-recepción

En caso de que la persona servidora pública obligada no lleve a cabo este proceso por fallecimiento, incapacidad física o mental, o por cualquier otra causa de fuerza mayor que lo justifique, la persona superior jerárquica deberá designar de inmediato a un servidor público de su adscripción, quien en nombre del obligado realizará el procedimiento de entrega-recepción mediante el acta correspondiente, en la que, además de los requisitos establecidos en los lineamientos, se harán constar los hechos que motivaron dicha intervención.

Negativa para formular el acta de entrega-recepción

Cuando la persona servidora pública saliente no realice el Procedimiento de Rendición de Cuentas Individual, sin causa justificada y motivada, dentro del plazo establecido, la persona servidora pública entrante al tomar posesión, la persona superior jerárquica o bien quien sea designado para tal efecto, deberá levantar un *Acta Administrativa Circunstanciada* dentro de los cinco días hábiles siguientes, con la asistencia de dos testigos. En dicha acta deberá dejar constancia del estado en que se encuentren los asuntos, así como los recursos asignados, remitiendo copia de la misma dentro de dicho plazo a su superior jerárquico y al Órgano Interno de Control o a la Unidad de Responsabilidades de las empresas productivas del Estado, para los efectos que correspondan.

La persona saliente será requerida por el Órgano Interno de Control de la dependencia o entidad correspondiente, o por la Unidad de Responsabilidades en el caso de las empresas productivas del Estado, para que dentro de los quince días hábiles siguientes —contados a partir del día siguiente de la notificación del requerimiento— realice el *Procedimiento de Rendición de Cuentas Individual*.

Cuando no se realice dicho procedimiento en el plazo señalado, el Órgano Interno de Control o la Unidad de Responsabilidades deberán investigar y sancionar, en su caso, conforme a la normativa aplicable en el ámbito de su competencia.

Acta de entrega-recepción institucional

Es el documento mediante el cual la persona titular de la dependencia, entidad o empresa productiva del Estado informa respecto del estado de los recursos humanos, presupuestarios, financieros y materiales asignados a dicha institución, conforme a lo establecido en los artículos segundo, fracción II, y décimo tercero del *Acuerdo por el que se establecen las bases generales para los procedimientos de rendición de cuentas, individuales e institucionales, de la Administración Pública Federal*, y en el artículo 15 de los lineamientos.

Al separarse de su cargo, en cualquier momento de la administración gubernamental, la persona titular de la dependencia, entidad o empresa productiva del Estado integrará el *Acta de Entrega-Recepción Institucional*, la cual deberá registrarse en el SERC únicamente con los apartados siguientes:

I. Los recursos materiales
En este apartado se precisará la situación de los bienes muebles, inmuebles y tecnológicos al servicio de la dependencia, entidad o empresa productiva del Estado.

II. Los recursos humanos
En este apartado se precisará la estructura básica y no básica; las plantillas desglosadas en personal de base y de confianza; contratos por honorarios; personal de carácter eventual, de designación directa y, en su caso, de gabinete de apoyo o áreas de apoyo técnico; la relación de puestos de libre designación y puestos sujetos a la *Ley del Servicio Profesional de Carrera en la Administración Pública Federal* u otro servicio de carrera legalmente establecido.

III. Los recursos presupuestarios y financieros
En este apartado se precisará la información presupuestaria y contable sobre las transacciones realizadas por la dependencia, entidad o empresa productiva del Estado, así como los eventos económicos identificables y cuantificables que la afecten, basándose en la información reportada en la cuenta pública y en el Informe de Avance de la Gestión Financiera del ejercicio fiscal correspondiente.

Plazo

El *Acta de Entrega-Recepción Institucional* se realizará dentro de los quince días hábiles posteriores a que surta efectos la separación del empleo, cargo o comisión y será formalizada en el SERC, en su módulo correspondiente.

Acta Administrativa de Entrega-Recepción Institucional

Es el documento mediante el cual la persona titular de la dependencia, entidad o empresa productiva del Estado informa respecto del estado de los recursos humanos, presupuestarios, financieros y materiales asignados a la dependencia, entidad o empresa productiva del Estado, conforme a lo establecido en los artículos segundo, fracción II, y décimo tercero del *Acuerdo por el que se establecen las bases generales para los procedimientos de rendición de cuentas, individuales e institucionales, de la Administración Pública Federal,* y en el artículo 15 de los lineamientos.

- **Artículo segundo.** Las dependencias y entidades de la Administración Pública Federal y las empresas productivas del Estado deben observar el procedimiento de rendición de cuentas institucional, el cual se integra por:

    I. (...)
    II. El acta de entrega-recepción institucional de los recursos presupuestarios, financieros, humanos y materiales que les hayan sido asignados, y
    III. (...)

- **Artículo décimo tercero.** El acta administrativa de entrega-recepción, tanto institucional como individual, debe describir el estado de la dependencia, entidad, empresa productiva del Estado o unidad administrativa correspondiente, y contendrá, entre otros apartados, los siguientes:

I. Marco jurídico de actuación;
II. Situación programática, presupuestaria y financiera;
III. Situación de los recursos materiales, estudios, proyectos y, en su caso, obras públicas en proceso;
IV. Situación de los recursos humanos, en la que se precise, en su caso, la de las personas servidoras públicas sujetas a la Ley del Servicio Profesional de Carrera en la Administración Pública Federal o a otros servicios de carrera establecidos legalmente;
V. Informe de los asuntos a su cargo y del estado que guarden;
VI. Situación de las observaciones de auditoría en proceso de atención;
VII. Informe sobre el cumplimiento de las obligaciones establecidas en la Ley Federal de Transparencia y Acceso a la Información Pública, y
VIII. Los demás requisitos que se establezcan en los lineamientos que al efecto expida la Secretaría Anticorrupción y Buen Gobierno.

Las dependencias, entidades y empresas productivas del Estado deben realizar el Procedimiento de Rendición de Cuentas Institucional, el cual se integra por:

I. El Informe de Gestión Gubernamental

   a. El Informe de Gestión Gubernamental deberá realizarse invariablemente por las dependencias, entidades y empresas productivas del Estado, con independencia de que al término de la administración gubernamental reportada se realice o no el cambio de su titular.

b. El informe deberá tener una extensión no mayor de 90 fojas y reportar la gestión gubernamental durante el periodo comprendido del primer día de inicio de la gestión gubernamental al día en que termine ésta. Su estructura deberá comprender los siguientes apartados.

c. Deberá estar soportado con las constancias documentales que cada unidad responsable integre, autorice y resguarde, conforme a sus atribuciones establecidas en los ordenamientos aplicables. Las personas servidoras públicas encargadas de la elaboración y validación de los documentos que lo integran y soporten serán las responsables de la veracidad, integridad, legalidad y confiabilidad de los mismos.

d. La información correspondiente deberá difundirse dentro de los veinte días hábiles siguientes a la fecha de su conclusión en la página de Internet de las dependencias, entidades y empresas productivas del Estado, en términos de las disposiciones jurídicas en materia de transparencia, acceso a la información pública y protección de datos personales en posesión de sujetos obligados.

II. El Acta Administrativa de Entrega-Recepción Institucional que elaborará la persona titular al separarse de su cargo y dará cuenta de los recursos presupuestarios, financieros, humanos, informáticos y materiales o de cualquier otro tipo que les hayan sido asignados;

a. Al separarse de su cargo, en cualquier momento de la administración gubernamental, la persona titular de la dependencia, entidad o empresa productiva del Estado integrará el Acta Entrega-Recepción Institucional, la cual deberá registrarse en el Sistema de Entrega Recepción y Rendición de Cuentas.
b. El Acta Administrativa de Entrega-Recepción Institucional se realizará dentro de los quince días hábiles posteriores a que surta efectos la separación del empleo, cargo o comisión y será formalizada en el Sistema de Entrega Recepción y Rendición de Cuentas en su módulo correspondiente.

III. En su caso, las memorias documentales de las acciones relevantes de programas, proyectos de gobierno, políticas públicas u otras acciones gubernamentales.

De las personas en las dependencias, entidades y empresas productivas del Estado

Las personas titulares de las dependencias, entidades y empresas productivas del Estado, dentro de los diez días hábiles siguientes a la fecha de publicación de los lineamientos, deberán designar al **coordinador(a) institucional responsable**, quien dirigirá los trabajos para integrar el *Informe de Gestión Gubernamental* y fungirá como enlace con la Secretaría.

El coordinador(a) institucional responsable deberá tener nivel jerárquico inmediato inferior al de la persona titular de la dependencia, entidad o empresa productiva del Estado, y su nombramiento deberá notificarse a la Unidad y al Órgano

Interno de Control o a la Unidad de Responsabilidades, según corresponda.

Cada dependencia, entidad y empresa productiva del Estado deberá elaborar un **cronograma de actividades** para integrar su Informe de Gestión Gubernamental en las tres etapas previstas en el artículo 11 de los lineamientos, atendiendo a los mecanismos de planeación, coordinación e integración de información que establezca la Secretaría.

El cronograma de actividades deberá señalar la información a integrar en cada etapa, desglosando las funciones de las personas involucradas en la rendición de cuentas institucional, incluidas las de quien se designe como coordinador(a) institucional responsable, la Comisión Interna de Transición de Entrega que se conforme y las unidades responsables en cada caso, conforme al formato que emita la Unidad.

El cronograma de actividades se enviará a la persona titular del Órgano Interno de Control, a la persona designada por la Coordinación General de Órganos de Vigilancia y Control o a la Unidad de Responsabilidades de las empresas productivas del Estado, según corresponda, y a la Unidad, para su registro y control, dentro de los veinte días hábiles siguientes a la fecha de publicación de los lineamientos. La Unidad coadyuvará en la verificación del cumplimiento del contenido descrito en los cronogramas.

Facultades

La Secretaría Anticorrupción y Buen Gobierno tendrá, entre otras, las siguientes facultades:

Coordinar y dar seguimiento a los procedimientos de rendición de cuentas institucional.

Plantear mecanismos de coordinación e integración de información para la rendición de cuentas institucional con quien se designe como coordinador institucional responsable de cada dependencia, entidad y empresa productiva del Estado.

Desarrollar la operación del Sistema de Entrega-Recepción y Rendición de Cuentas (SERC), por medio del cual las dependencias, entidades y empresas productivas del Estado reportarán la información correspondiente a las tres etapas del Informe de Gestión Gubernamental, en los formatos y mecanismos de operación que se establezcan para tal efecto.

Coordinar, con el apoyo de los órganos internos de control, de los comisarios públicos o delegados, y de las unidades de responsabilidades —según corresponda—, el proceso de captura de información en el SERC.

Capacitar y asesorar, por medio de la Unidad y con el apoyo de los órganos internos de control, comisarios públicos o delegados, y las unidades de responsabilidades —según corresponda—, a la persona designada como coordinador institucional responsable y, en su caso, a otras personas servidoras públicas cuando se requiera, en el uso del SERC y en la aplicación en general de los lineamientos.

Irregularidades

De conformidad con el artículo 55 de los *Lineamientos Generales para la Regulación de los Procedimientos de Rendición de Cuentas de la Administración Pública Federal*, la persona servidora pública entrante deberá realizar la verificación del Acta Administrativa de Entrega-Recepción, por conducto del superior jerárquico o de la persona designada por este último para recibir el despacho, dentro del término de treinta días hábiles contados a partir de la fecha en que se firme en el SERC.

Durante dicho plazo podrá citarse al servidor público saliente para que realice aclaraciones o proporcione la información adicional que le sea solicitada, contando con un máximo de diez días hábiles, contados a partir del día siguiente de la notificación, para dar respuesta.

Artículo décimo octavo. La verificación del contenido del acta administrativa de entrega-recepción individual o, en su caso, del informe de gestión individual, debe realizarse por la persona servidora pública entrante o por la designada en su lugar por el superior jerárquico. Para tal efecto, se debe considerar un plazo máximo de treinta días hábiles contados a partir de la fecha de la entrega-recepción.

La persona servidora pública saliente podrá ser requerida por la persona entrante para que realice las aclaraciones o proporcione información adicional que le solicite. En caso de que la persona servidora pública entrante no reciba respuesta de la persona saliente o detecte irregularidades durante la verificación del contenido del acta administrativa de entrega-recepción individual, o en su caso, del informe de gestión individual, debe hacerlo del conocimiento del Órgano Interno de Control o de la Unidad de Responsabilidades, según corresponda, para que requiera a la persona servidora pública saliente las aclaraciones pertinentes o, en su caso, para que proceda conforme al régimen de responsabilidades administrativas.

La verificación del contenido del acta administrativa de entrega-recepción institucional debe efectuarse en los términos que dispongan los lineamientos que expida la Secretaría Anticorrupción y Buen Gobierno.

Artículo 55. La verificación del contenido del Acta Administrativa de Entrega-Recepción Individual y del Informe de Gestión Individual correspondiente, deberá realizarse por la persona servidora pública entrante, por el superior jerárquico o por la designada por la persona superior jerárquica para recibir el despacho, considerando un plazo máximo de treinta días hábiles, contados a partir de la fecha en que se firme en el SERC la entrega-recepción del mismo.

Durante el periodo señalado en el párrafo anterior, la persona servidora pública saliente así como todas aquellas personas servidoras públicas que hayan contribuido con información para el Acta Administrativa de Entrega-Recepción Individual correspondiente, podrán ser requeridas, por escrito, por la persona servidora pública entrante para que realicen las aclaraciones o proporcionen la información adicional que se les solicite, no excediéndose de diez días hábiles contados a partir del día siguiente de su notificación para brindar la respuesta correspondiente. Para tal efecto, la persona servidora pública entrante, deberá en todo momento, otorgar las facilidades necesarias a la saliente para que tenga acceso a la información que tuvo durante su gestión y pueda realizar las aclaraciones correspondientes. La persona entrante tendrá diez días hábiles para realizar la revisión de las aclaraciones antes mencionadas y en caso de que las irregularidades subsistan deberá hacer del conocimiento dentro de los tres días hábiles siguientes al Órgano Interno de Control o la Unidad de Responsabilidades de las empresas productivas del Estado, según corresponda, tal circunstancia, a efecto de que se aclare entre las partes y en caso de omisión, se proceda de conformidad al régimen de responsabilidades de las personas servidoras públicas.

Gobiernos estatales y ayuntamientos

En relación con los Poderes Públicos, Ayuntamientos, Órganos Constitucionalmente Autónomos y Entes Paraestatales de la Administración Pública del Estado.

¿Quiénes intervienen?

En el día y hora señalados para la entrega-recepción, deberán presentarse el titular saliente y sus testigos, así como el titular entrante y sus testigos. Un representante de la autoridad, según corresponda al caso, levantará el acta con las formalidades inherentes.

Materialización de la entrega

Una vez acreditada la personalidad de quienes intervienen, el titular saliente proporcionará la información necesaria para integrar el acta de entrega-recepción. Previa lectura de dicha acta y sus anexos, si existiera alguna observación, esta se hará constar para que se determine lo procedente. Asimismo, el titular saliente deberá proporcionar la documentación necesaria con su respectivo soporte e indicar su ubicación cuando se considere pertinente.

Sujetos obligados

Todos los servidores públicos, cualquiera que sea su nombramiento o elección, hasta el nivel de directora o director general, deberán rendir un informe respecto a los asuntos a su cargo y del estado que guardan, así como entregar los recursos que hayan tenido asignados para el ejercicio de sus atribuciones y la documentación y archivos debidamente ordenados y clasificados a quienes los sustituyan en sus funciones.

Los sujetos obligados deberán entregar toda la información inherente a su empleo, cargo, comisión o mandato en observancia de las disposiciones aplicables.

Órganos internos de control

El órgano interno de control o instancia homóloga, en el ámbito de su competencia, será responsable de vigilar los actos de entrega-recepción con la finalidad de dar certeza de que el cumplimiento de esta obligación se realice de manera ordenada, eficiente, transparente, confiable y oportuna.

¿Quiénes intervienen?

I. La o el servidor público saliente.
II. La o el servidor público entrante.
III. Dos testigos: un servidor público nombrado por el servidor público saliente y otro por el entrante.
IV. Una o un representante del órgano interno de control o instancia homóloga.
V. Las comisiones que nombren los servidores públicos saliente y entrante, para asistirles en el acto de entrega-recepción, según corresponda.

Integración del acta de entrega-recepción

La entrega de los recursos que la o el servidor público saliente haya tenido asignados para el ejercicio de sus atribuciones, el informe respecto a los asuntos a su cargo y la documentación y archivos que tenga en su posesión se hará constar en el acta de entrega-recepción y sus anexos.

El acta deberá contener, como mínimo, lo siguiente:

I. Lugar y fecha del acto de entrega-recepción;
II. Hora en la que se inicia el acto de entrega-recepción;
III. Denominación del área de cuyo empleo, cargo, comisión o mandato, se entrega y recibe;
IV. Nombre y carácter de las y los servidores públicos entrante y saliente que participan en el acto, así como el documento con el que se identifican para el efecto;
V. Domicilio o medio de comunicación para oír y recibir notificaciones de las y los servidores públicos entrante y saliente que participan en el acto;
VI. Nombre de la o el representante del órgano interno de control o instancia homóloga;
VII. Designación de las y los testigos, así como el documento con el que se identifican;
VIII. Marco jurídico de actuación del área de cuyo empleo, cargo, comisión o mandato, se entrega y recibe;
IX. Informe de asuntos a su cargo y el estado que guardan;
X. Situación programática;
XI. Situación presupuestaria;
XII. Estados financieros;
XIII. Descripción detallada de la situación de los recursos financieros, materiales y humanos, que la o el servidor público saliente haya tenido asignados para el ejercicio de sus atribuciones, incluyendo una relación de cada una de éstas;
XIV. Relación de archivos a cargo y documentación soporte de los datos e información proporcionados, relacionados con las facultades que por normatividad le competan al área de cuyo empleo, cargo, comisión o mandato, se entrega y recibe;

XV. Las observaciones de auditorías en proceso de atención;
XVI. Otros hechos;
XVII. Las manifestaciones que en dicho acto realicen las y los servidores públicos entrante y saliente que;
XVIII. Declaratoria de la recepción en resguardo de los recursos que la o el servidor público saliente haya tenido asignados para el ejercicio de sus atribuciones, los asuntos a su cargo, y, la documentación y archivos que tuvo en su posesión;
XIX. Toda aquella información que no esté considerada en las fracciones anteriores;
XX. Hora del cierre del acto de entrega-recepción, y
XXI. Firma de los que intervinieron.

La o el servidor público saliente deberá solicitar al órgano interno de control o instancia homóloga los formatos del acta y sus anexos para documentar el acto de entrega-recepción.

Verificación

La verificación y validación del contenido de los anexos del acta deberá ser realizada por la o el servidor público entrante en un término no mayor a treinta días hábiles contados a partir del día siguiente de la conclusión del acto. Transcurrido dicho plazo, concluirá el proceso de entrega-recepción.

Si la o el servidor público entrante observa inconsistencias o irregularidades fundadas, podrá solicitar aclaraciones al servidor público saliente, dando cuenta a la persona designada por el órgano interno de control para suspender el plazo.

El servidor público saliente contará con un plazo de diez días hábiles para realizar las aclaraciones pertinentes. En caso de no subsanarse, se informará al órgano interno de control o instancia homóloga, anexando evidencia documental de las irregularidades observadas, para que determine lo procedente.

Ayuntamientos

Para el caso de los ayuntamientos, se conformarán dos comisiones: una por el ayuntamiento saliente y otra por el ayuntamiento electo. Estas se reunirán en la Presidencia Municipal cinco días antes de la toma de protesta constitucional del ayuntamiento entrante, para iniciar el proceso de entrega-recepción.

En el acto deberán estar presentes una o un representante de la Auditoría Superior del Estado, una o un representante del órgano interno de control o instancia homóloga y dos ciudadanas o ciudadanos residentes del municipio como testigos de honor.

Información del acta de entrega-recepción municipal

El ayuntamiento saliente deberá entregar al entrante lo siguiente:

I. Los libros de las sesiones de cabildo del Ayuntamiento saliente y la información sobre el lugar donde se encuentran los libros de las administraciones municipales anteriores;
II. La documentación justificativa y comprobatoria relativa a la situación financiera y estados contables que deberán contener los libros de contabilidad y registros auxiliares, correspondientes al Ayuntamiento saliente;
III. La documentación acerca del estado que guarda la cuenta de la Hacienda Pública Municipal, la que deberá incluir la información relativa a los estados financieros, los ingresos y egresos del Municipio, las observaciones, recomendaciones, requerimientos

o apercibimientos emitidos por la Auditoría Superior del Estado o por el Congreso del Estado, por sí o a través de la Comisión correspondiente;

IV. La situación que guarda la deuda pública municipal, la documentación relativa y su registro;

V. El estado de la obra pública ejecutada, en proceso de ejecución y en programación en el Municipio, así como la documentación comprobatoria y justificativa, relativa a la misma;

VI. La situación que guarda la aplicación del gasto público de los recursos federales y estatales, así como los informes y comprobantes de los mismos;

VII. La plantilla y los expedientes del personal al servicio del Municipio, antigüedad, prestaciones, catálogo de puestos y demás información conducente;

VIII. La documentación relativa a convenios o contratos que el Municipio haya celebrado con otros Municipios, con el Estado, con el Gobierno Federal o con particulares;

IX. La documentación relativa a los programas municipales y proyectos aprobados y ejecutados, así como el estado que guardan los mismos en proceso de ejecución;

X. El registro, inventario, catálogo y resguardo de bienes muebles e

XI. inmuebles de propiedad municipal;

XII. La documentación relativa al estado que guardan los asuntos tratados por las comisiones del Ayuntamiento, y

XIII. Entregar la documentación en la que consten los Registros Fiscales del Municipio, así como aquélla que contenga el estado que guarda la recaudación de los ingresos municipales; y

XIV. La demás información relevante, para garantizar la continuidad de la Administración Pública Municipal.

Validación

Una vez concluida la entrega-recepción, la Comisión del Ayuntamiento electo analizará el expediente integrado con la documentación correspondiente y formulará un dictamen en un plazo no mayor de treinta días hábiles.

Al término del plazo a que se refiere el párrafo anterior, y de existir inconsistencias en la documentación entregada, la comisión del ayuntamiento electo deberá llamar a la comisión del ayuntamiento saliente involucrada para solicitar cualquier información o documentación que estime necesaria a fin de subsanar inconsistencias. Los integrantes de la comisión saliente estarán obligados a proporcionarla y atender las observaciones correspondientes.

Intervención de la Auditoría Superior del Estado

Una vez subsanadas las observaciones, el ayuntamiento emitirá un acuerdo, mismo que no exime de responsabilidad a las y los integrantes ni a los servidores públicos del ayuntamiento saliente.

El ayuntamiento electo, dentro de los dos días hábiles siguientes, deberá remitir copia del expediente de entrega-recepción a la Auditoría Superior del Estado para efectos de la revisión de las cuentas públicas municipales.

Incumplimiento en la entrega-recepción

En el supuesto de que la o el servidor público saliente, al término de su empleo, cargo, comisión o mandato, no realice la entrega de los recursos que haya tenido asignados para el ejercicio de sus atribuciones, el informe respecto a los asuntos a su cargo y la documentación y archivos que tuvo en su posesión, en términos de la presente ley, la o el servidor público entrante, en el transcurso de hasta treinta días hábiles, tendrá la obligación de hacer constar en acta administrativa, ante la presencia de una o un representante del órgano interno de control y de dos testigos, la situación que guarda el área del empleo, cargo, comisión o mandato que le haya sido asignado.

Para realizar dicha acta administrativa, la o el servidor público entrante podrá solicitar la intervención de las áreas administrativas competentes, con la finalidad de relacionar, ordenar, clasificar, identificar y ubicar de forma física los documentos, recursos patrimoniales y financieros que tenga a su disposición y que debieron integrar los anexos.

Las áreas administrativas deberán prestar su asistencia para integrar dichos anexos, con el objetivo de garantizar la continuidad en el servicio público y en la gestión gubernamental de los asuntos, programas, proyectos, acciones y compromisos, así como fomentar el cumplimiento de las funciones de la o el servidor público entrante.

Lo anterior se realizará sin perjuicio de la determinación de las responsabilidades en las que incurra la o el servidor público saliente que no lleve a cabo la entrega de los recursos, el informe de los asuntos a su cargo ni la documentación y archivos que tuvo en su posesión.

Área de oportunidad VI
Procuraduría Federal del Servidor Público y sus homólogos en los estados

Un verdadero Sistema Nacional Anticorrupción debería contemplar la creación de un ente público que ayude a los servidores públicos a prevenir, detectar y erradicar actos de corrupción, además de orientarlos en la obtención, manejo, administración y ejecución de recursos públicos para los fines a los que están destinados. Me refiero a la **creación de una Procuraduría Federal del Servidor Público**, con sus respectivas delegaciones y niveles de gobierno.

Es ampliamente conocido que la obtención, administración, manejo y aplicación de recursos públicos se encuentra rodeada de una engorrosa normatividad, cuyo entendimiento no es de dominio general de la población, incluso de los propios especialistas. Esto provoca la necesidad de contratar asesores externos que, en muchos casos, no orientan al servidor público de manera correcta, sino que aprovechan su intervención para inducir al desvío de recursos públicos. Por ello, se requiere un organismo público honesto que oriente a los servidores en dichas tareas.

La idea de crear una Procuraduría del Servidor Público nace de un método japonés denominado *senpai-kōhai,* aplicado en empresas y fábricas niponas, en el cual un mentor con experiencia (*senpai*) guía a un recién graduado (*kōhai*) durante su primer año de trabajo, transmitiéndole conocimientos sobre el cargo que ocupará.

En esa tesitura, la función de la Procuraduría, en su carácter de *senpai,* sería orientar a los *kōhai* —nuevos servidores públicos— en sus funciones dentro del ente público, transmitiéndoles los conocimientos relacionados con la obtención, manejo, administración y aplicación de recursos públicos, fortaleciendo así la carrera administrativa y evitando la necesidad de contratar intermediarios.

La falta de servidores públicos verdaderamente capacitados y la mala planeación son factores que impiden que los recursos públicos sean ejercidos de manera eficiente, limitando el desarrollo de los estados, municipios y comunidades indígenas.

El experto en algo fue una vez novato.
HELEN HAYES

No debe soslayarse que, en el Capítulo I, señalé la idea de que los servidores públicos deben ser auditados antes de tomar posesión del empleo, cargo o comisión, y también al concluir sus funciones, con el objeto de conocer el verdadero origen y aumento legítimo de su patrimonio. Como complemento a esa idea es preciso considerar que este acompañamiento siempre esté a cargo de un asesor de la propia administración pública.

Esta Procuraduría Federal del Servidor Público que se propone ayudaría a la creación de un **expediente de justificación** por cada uno de los servidores públicos que capten, recauden, administren, manejen, custodien, ejerzan o apliquen recursos públicos.

Para explicarlo correctamente, es necesario partir de la idea de que las facultades punitivas de la autoridad administrativa prescriben en un plazo máximo de siete años, contados a partir del día siguiente a aquel en que se hubiera cometido el acto u omisión reprochado (dependiendo de su gravedad).

Por otra parte, el servidor público tiene la obligación de presentar sus declaraciones patrimoniales (inicial, de modificación y de conclusión). En los casos en que su declaración refleje un incremento en su patrimonio que no sea justificable, le será requerido aclarar la discrepancia detectada por la autoridad competente, concediéndosele un plazo de quince días para desahogar dicho requerimiento, en términos de los artículos 33, 37, 38 y 96 de la *Ley General de Responsabilidades Administrativas*, anexando la documentación que justifique sus manifestaciones.

Espero que el lector haya percibido que existe un **desequilibrio total** entre el plazo que tiene la autoridad para investigar a un servidor público (siete años) y el plazo que tendrá el servidor público para formular su defensa inicial (quince días).

¿Quién, en su sano juicio, cuenta con la información contable o comprobatoria de los últimos siete años? Ni siquiera el *Código Fiscal de la Federación* obliga a los contribuyentes a mantener su contabilidad por tanto tiempo (solo cinco años). Esto implica que los servidores públicos **requieren, necesitan y deben** contar con un órgano que los oriente respecto de las responsabilidades que tendrán durante los siete años siguientes a partir de que ocupen el cargo, empleo o comisión.[114]

Los servidores públicos entregan el valioso tiempo de su vida para atender cuestiones propias del Estado y, en muchas ocasiones, no cuentan con espacio suficiente para organizarse y pasar tiempo con su familia. Esto nos lleva a concluir que mucho menos tendrán la posibilidad de ordenar cronológicamente el aumento de su patrimonio o el de sus dependientes económicos durante los últimos siete años. Por ello, dadas las características del Sistema Nacional Anticorrupción, resulta indispensable crear un organismo público que no solo oriente a los servidores públicos en aspectos técnicos de su propio empleo, cargo o comisión, sino que también los asesore respecto del incremento de su patrimonio y el de sus dependientes económicos, con la

114 Código Fiscal de la Federación. (1981, diciembre 31). Art. 30. México.

salvedad de que siempre podrán contratar asesores que realicen este ejercicio de forma preventiva.

Este vacío jurídico permitiría que despachos de abogados y contadores ofrezcan servicios de «acompañamiento» durante el mismo plazo que dure el empleo, cargo o comisión del servidor público, con la intención de integrar la documentación comprobatoria sobre el aumento lícito de su patrimonio y de sus dependientes económicos. Aquí aplica el dicho: «Prevenir es más barato que curar». Quien no vea esta oportunidad, estará sometido a responder ante la autoridad en un plazo de quince días, sin contar con la documentación comprobatoria suficiente.

En mi opinión, el servidor público debe tener una herramienta (pública o privada) que lo oriente en la creación de un *Expediente de Justificación*, que probará los motivos, razones o circunstancias por las cuales aumentó lícitamente su patrimonio. Dicho expediente, en caso de ser auditado, podrá entregarse a la autoridad para su estudio y análisis dentro del plazo de los quince días que la ley establece.

Es cuestión de enfoque: se trata de evitar por completo las mismas prácticas corruptas que fomentan tanto los particulares como los propios servidores públicos.

Dicha Procuraduría deberá formar parte del Sistema Nacional Anticorrupción y contar con homólogos en las entidades federativas, quienes serán los encargados de ofrecer los siguientes servicios:

- Asesorar gratuitamente a los aspirantes a ocupar cargos públicos en los tres niveles de gobierno sobre las auditorías que se les practiquen la Unidad de Inteligencia Financiera y el Servicio de Administración Tributaria y sus homólogos en las entidades federativas.

- Realizará un acompañamiento al servidor público sobre el aumento de su patrimonio, durante el plazo que dure el empleo, cargo o comisión.
- Tendrá la facultad de orientar y capacitar a los servidores públicos, sobre puntos técnicos de sus facultades, en relación con el reglamento interior de la dependencia a la que se encuentre adscrito, con el objeto de evitar el ejercicio de sus facultades de manera incorrecta, excesiva o desproporcional.
- Ofrecerá servicios de defensoría pública a los servidores públicos que sean sujetos al procedimiento de responsabilidad administrativa, sin que ello sea impedimento para que puedan contratar abogados particulares.
- Ofrecerá cursos de capacitación y rehabilitación por casos de corrupción.
- Deberá orientar y capacitar a los servidores públicos respecto a la obtención, manejo, administración y aplicación de recursos públicos.

Presunción de enriquecimiento oculto

La *Ley General de Bienes Nacionales* —que no guarda relación directa con el Sistema Nacional Anticorrupción— tiene por objeto, reconocer la situación jurídica de los bienes que constituyen el patrimonio de la Nación, así como regular el régimen de dominio público y la distribución de competencias sobre la administración de inmuebles. Así, el párrafo cuarto del artículo 4° de la citada Ley, reconoce que los bienes muebles e inmuebles propiedad de las instituciones de carácter federal son **imprescriptibles** e **inembargables.**[115]

115 Ley General de Bienes Nacionales. (2004, mayo). Art. 4. México.

Al respecto, es dable mencionar que los recursos públicos (los recursos económicos del Estado) en estricto sentido, al ser bienes muebles fungibles, también son «bienes de la nación»; sin embargo, el dinero de la nación no cuenta con el carácter de imprescriptible o inembargable, siendo indispensable que se les dé este carácter, incluso cuando estos no fueran aplicados respecto de los fines a los que originalmente fueron transferidos a los estados o municipios. Es decir, a pesar de que el recurso económico haya ingresado al patrimonio del servidor público o de particulares, de manera directa o indirecta, pero de forma ilegal, los bienes muebles, inmuebles o intangibles adquiridos por estos se deberán presumir propiedad de la nación, salvo prueba en contrario.

Bajo esta propuesta, la carga de la prueba debe recaer totalmente en el servidor público sujeto a investigación, para demostrar cómo y en qué términos adquirió los bienes de referencia. Así como en materia fiscal existe la figura de la presunción de ingresos para los contribuyentes, en términos de los artículos 55 fracción III y 58-A del *Código Fiscal de la Federación*, para el caso de depósitos bancarios, en materia de responsabilidades administrativas, se debe realizar un criterio similar para efecto de prevenir, detectar y erradicar la corrupción.

En efecto, el objeto de esta medida se encuentra relacionada con la propuesta de dotar a la autoridad investigadora de facultades para determinar presuntivamente que los bienes (muebles, inmuebles e intangibles) de los servidores públicos adquiridos durante y después de su gestión, no declarados o no justificada su procedencia lícita, fueron adquiridos ilegalmente con recursos públicos, incluyendo a sus dependientes económicos.

Es preciso puntualizar que la autoridad investigadora parte de una base cierta cuando el servidor público ha presentado oportunamente, en su declaración inicial, los bienes que conforman su patrimonio y el de sus dependientes económicos. Bienes (muebles, inmuebles o intangibles) que no podrán ser sometidos a esta presunción, pues se deberá «presumir» que los adquiridos previamente a ocupar un cargo público fueron obtenidos con recursos privados ajenos a recursos públicos. Ahora bien, si el servidor público obtiene bienes durante el empleo, cargo o comisión y posterior a este, sí podrán ser sometidos a esta presunción que se plantea cuando no tenga elementos para acreditar el legal aumento de su patrimonio de conformidad con su sueldo o salario, pues la autoridad parte de una base incierta. De ahí que pueda presumir que estos fueron adquiridos ilegalmente y a través de recursos públicos; como consecuencia, iniciará el procedimiento de responsabilidades administrativas, solicitando el inmediato embargo precautorio de los bienes muebles e inmuebles, así como intangibles, para evitar la dilapidación.

En todos los casos, la autoridad investigadora deberá requerir información del servidor público y de sus dependientes económicos al Registro Vehicular de las Entidades Federativas, la Secretaría de Marina, el Registro Agrario Nacional, el Registro Aeronáutico Mexicano y el Registro Público de la Propiedad y del Comercio, para conocer si el servidor público o sus dependientes económicos adquirieron aeronaves, embarcaciones, terrenos ejidales, bienes inmuebles y vehículos en general, entre otros. Asimismo, se propone facultar a la autoridad investigadora para indagar en «medios electrónicos» respecto de bienes no materiales. Es decir, se deberá permitir a la autoridad investigadora requerir información y documentación a la Secretaría de Relaciones Exteriores, al Banco de México, al Instituto Mexicano de la Propiedad Industrial y a instituciones educativas, con el objeto de conocer los viajes que realizó el servidor público y sus dependientes económicos, la adquisición de criptomonedas, marcas, patentes, incluso si realizó algún invento, así como información relacionada con instituciones educativas en donde estudian sus dependientes económicos y el monto que se paga por la colegiatura.

Capítulo VII
Faltas administrativas no graves, graves y delitos cometidos por servidores públicos

Faltas no graves

Entre ellas se encuentran las contempladas en el artículo 75 de la Ley General de Administrativas.[116]

- Omisión de cumplir con las funciones atribuciones y comisiones encomendadas, debiendo desempeñar sus funciones con disciplina y respecto, tanto a otros servidores públicos, como a particulares.
- Por abstenerse de denunciar actos u omisiones que en ejercicio de sus funciones llegare a advertir y que puedan constituir faltas administrativas.
- Por no atender las instrucciones de sus superiores, siempre que éstas sean acordes con las disposiciones relacionadas con el servicio público.
- Deberá presentar en tiempo y forma sus declaraciones de situación patrimonial y de intereses.
- Registrar, integrar, custodiar y cuidar la documentación e información que, por razón de su empleo, cargo o comisión, tenga bajo su responsabilidad, e impedir su uso

116 Ley General de Responsabilidades Administrativas. (2016, julio). Arts. 49 y 50. México.

o divulgación, sustracción, destrucción, ocultamiento o inutilización.

- Supervisar que los servidores públicos a su cargo cumplan con sus respectivas facultades.
- Rendir cuentas sobre el ejercicio de sus funciones.
- Colaborar en los procedimientos judiciales y administrativos en los que sea parte.
- Cerciorarse, antes de la celebración de contratos públicos que el particular no desempeña un empleo, cargo o comisión en el servicio público, o que no se actualiza un conflicto de intereses.
- Cuando de manera negligente o culposa cause un servidor público a la Hacienda Pública o al patrimonio de un Ente Público.

Faltas graves

Establecidas en los artículos 52, 53, 54, 55, 57, 58, 59, 60, 61, 62 y 63 de la *Ley General de Responsabilidades Administrativas.* [117]

- **Cohecho**
  Se actualiza cuando el servidor público exija, acepte, obtenga o pretenda obtener, por sí o a través de terceros, con motivo de sus funciones, cualquier beneficio no comprendido en su remuneración como servidor público. Este beneficio podría consistir en dinero, valores, bienes muebles o inmuebles (incluso mediante enajenación en precio notoriamente inferior al de mercado), donaciones, servicios, empleos y demás ventajas indebidas, ya

117 Ley General de Responsabilidades Administrativas. (2016, julio). Arts. 52-63 bis. México.

sea para sí, para su cónyuge, parientes consanguíneos o civiles, o para terceros con los que tenga relaciones profesionales, laborales o de negocios, así como para socios o sociedades de las que el servidor público o las personas antes referidas formen parte.

También incurrirá en cohecho el servidor público que se abstenga de devolver el pago en demasía de su legítima remuneración, de acuerdo con los tabuladores aplicables, dentro de los treinta días naturales siguientes a su recepción.

- **Peculado**

Incurrirá en peculado el servidor público que autorice, solicite o realice actos para el uso o apropiación, para sí o para su cónyuge, parientes consanguíneos o civiles, o para terceros con los que tenga relaciones profesionales, laborales o de negocios, o para socios o sociedades de las que el servidor público o las personas antes referidas formen parte, de recursos públicos (materiales, humanos o financieros), sin fundamento jurídico o en contraposición con las normas aplicables.

También se considera peculado cuando los servidores públicos dispongan del servicio de miembros de alguna corporación policiaca, de seguridad pública o de las fuerzas armadas, en el ejercicio de sus funciones, para otorgar seguridad personal, salvo en los casos en que la normativa que regule su actividad lo contemple o cuando las circunstancias hagan necesario proveer dicha seguridad, siempre que se encuentre debidamente justificada a juicio del titular de las propias corporaciones de seguridad y con previo informe al órgano interno de control respectivo o a la Secretaría.

- **Desvío de recursos públicos**

  Será responsable de desvío de recursos públicos el servidor público que autorice, solicite o realice actos para la asignación o desvío de recursos públicos (materiales, humanos o financieros), sin fundamento jurídico o en contraposición con las normas aplicables.

  Se considerará desvío de recursos públicos el otorgamiento o autorización, para sí o para otros, del pago de una remuneración en contravención con los tabuladores aplicables, así como el otorgamiento o autorización, para sí o para otros, de pagos de jubilaciones, pensiones o haberes de retiro, liquidaciones por servicios prestados, préstamos o créditos no previstos en ley, decreto legislativo, contrato colectivo, contrato-ley o condiciones generales de trabajo.

- **Utilización indebida de información**

  Incurrirá en utilización indebida de información el servidor público que adquiera, para sí, para su cónyuge, parientes consanguíneos o civiles, o para terceros con los que tenga relaciones profesionales, laborales o de negocios, o para socios o sociedades de las que el servidor público o las personas antes referidas formen parte, bienes inmuebles, muebles o valores que pudieren incrementar su valor o, en general, mejorar sus condiciones, así como obtener cualquier ventaja o beneficio privado, como resultado de información privilegiada de la cual haya tenido conocimiento.

  Se considera información privilegiada aquella que obtenga el servidor público con motivo de sus funciones y que no sea del dominio público.

- **Abuso de funciones**

  Se actualiza el abuso de funciones cuando el servidor público ejerza atribuciones que no tenga conferidas o se valga de las que tenga para realizar o inducir actos u omisiones arbitrarios, a fin de generar un beneficio para sí, para su cónyuge, parientes consanguíneos o civiles, o para terceros con los que tenga relaciones profesionales, laborales o de negocios, o para socios o sociedades de las que el servidor público o las personas antes referidas formen parte.

  Asimismo, se actualiza el abuso de funciones cuando, por sí o a través de un tercero, un servidor público ejerza violencia política contra mujeres, con el fin de limitar o impedir su participación en elecciones populares o para ocupar cargos públicos, ya sea mediante agresiones físicas, psicológicas, simbólicas, verbales o de intimidación, incluso mediante el ocultamiento de información para inscribirse como candidatas o impidiéndoles asociarse a grupos políticos o sociales, tal como se desarrolla en el artículo 20 Ter de la *Ley General de Acceso de las Mujeres a una Vida Libre de Violencia.*[118]

- **Conflicto de intereses**

  Se consuma el conflicto de intereses cuando el servidor público intervenga, por motivo de su empleo, cargo o comisión, en cualquier forma, en la atención, tramitación o resolución de asuntos en los que tenga un interés personal, profesional o financiero.

  Deberá informar a su superior jerárquico sobre el impedimento para participar en el asunto.

118 Ley General de Acceso de las Mujeres a una Vida Libre de Violencia. (2007, febrero). Art. 20 Ter. México.

- **Contratación indebida**

  Se actualiza la contratación indebida cuando el servidor público autorice cualquier tipo de contratación, así como la selección, nombramiento o designación de quien se encuentre impedido por disposición legal o inhabilitado por resolución de autoridad competente para ocupar un empleo, cargo o comisión en el servicio público, o inhabilitado para realizar contrataciones con los entes públicos. En el caso de las inhabilitaciones, al momento de la autorización, estas deberán encontrarse inscritas en el Sistema Nacional de Servidores Públicos y Particulares Sancionados de la Plataforma Digital Nacional.

  Incurrirá en la misma responsabilidad el servidor público que intervenga o promueva, por sí o por interpósita persona, la selección, nombramiento o designación de personas para el servicio público en función de intereses de negocios.

- **Enriquecimiento oculto**

  Se actualiza el enriquecimiento oculto cuando el servidor público falte a la veracidad en la presentación de las declaraciones de situación patrimonial o de intereses, con el fin de ocultar el incremento en su patrimonio o el uso y disfrute de bienes o servicios que no sean explicables o justificables, o para encubrir un conflicto de intereses.

- **Simulación de actos jurídicos**

  Incurre en simulación de actos jurídicos aquel servidor público que utilice personalidad jurídica distinta a la suya para obtener, en beneficio propio o de algún familiar hasta el cuarto grado por consanguinidad o afinidad, recursos públicos en forma contraria a la ley.

- **Tráfico de influencias**
Cometerá tráfico de influencias el servidor público que utilice la posición que su empleo, cargo o comisión le confiere para inducir a que otro servidor público efectúe, retrase u omita realizar algún acto de su competencia, a fin de generar cualquier beneficio, provecho o ventaja para sí, para su cónyuge, parientes consanguíneos o civiles, o para terceros con los que tenga relaciones profesionales, laborales o de negocios, así como para socios o sociedades de las que el servidor público o las personas antes referidas formen parte.

- **Encubrimiento**
Se actualiza el encubrimiento cuando, en el ejercicio de sus funciones, el servidor público advierta actos u omisiones que pudieren constituir faltas administrativas y realice deliberadamente alguna conducta para su ocultamiento.

- **Desacato**
Comete desacato el servidor público que, tratándose de requerimientos o resoluciones de autoridades fiscalizadoras, de control interno, judiciales, electorales, en materia de defensa de los derechos humanos o de cualquier otra autoridad competente, proporcione información falsa, no dé respuesta alguna o retrase deliberadamente y sin justificación la entrega de la información, a pesar de que le hayan sido impuestas medidas de apremio conforme a las disposiciones aplicables.

- **Nepotismo**
Cometerá nepotismo el servidor público que, valiéndose de las atribuciones o facultades de su empleo,

cargo o comisión, directa o indirectamente, designe, nombre o intervenga para que se contrate como personal de confianza, de estructura, de base o por honorarios en el ente público en que ejerza sus funciones, a personas con las que tenga lazos de parentesco por consanguinidad hasta el cuarto grado, de afinidad hasta el segundo grado, o vínculo de matrimonio o concubinato.

Faltas administrativas de los particulares

Establecidas en el artículo 65 de la *Ley General de Responsabilidades Administrativas*, se encuentran las siguientes:

- Soborno.
- Participación ilícita.
- Tráfico de influencias.
- Uso de información falsa.
- Obstrucción a las facultades de investigación.
- Colusión.
- Uso indebido de recursos públicos.
- Contratación indebida de exservidores públicos.

Delitos en el servicio público

Conductas que se pretenden evitar y que se sancionan. Si la autoridad fiscalizadora, algún particular o servidor público se percata de que existe alguna conducta que pudiera ser constitutiva de los siguientes delitos, deberá dar aviso de inmediato, con pruebas que acrediten el tipo penal de que se trate, ante la Fiscalía Especializada para el Combate a la Corrupción.

- Ejercicio ilícito del servicio público[119]

  - El servidor público que ejerza funciones de un empleo, cargo o comisión sin haber tomado posesión legítima o sin satisfacer todos los requisitos legales.
  - El servidor público que continúe ejerciendo funciones de un empleo, cargo o comisión después de saber que se ha revocado su nombramiento o que se le ha suspendido o destituido.
  - El servidor público que, teniendo conocimiento por razón de su empleo, cargo o comisión de que pueden resultar gravemente afectados el patrimonio o los intereses de una dependencia o entidad de la Administración Pública Federal centralizada, organismos descentralizados, empresas de participación estatal mayoritaria, asociaciones y sociedades asimiladas a estas, fideicomisos públicos, empresas productivas del Estado, órganos constitucionales autónomos, el Congreso de la Unión o el Poder Judicial, por cualquier acto u omisión, no informe por escrito a su superior jerárquico o no lo evite si está dentro de sus facultades.
  - El servidor público que, por sí o por interpósita persona, sustraiga, destruya, oculte, utilice o inutilice ilícitamente información o documentación que se encuentre bajo su custodia, a la cual tenga acceso o de la que tenga conocimiento en virtud de su empleo, cargo o comisión.
  - El servidor público que, por sí o por interpósita persona, cuando legalmente le sean requeridos, rinda informes en los que manifieste hechos o

119 Código Penal Federal. (1931, agosto). Art. 214. México.

circunstancias falsas, o niegue total o parcialmente la verdad sobre los mismos.

- El servidor público que, teniendo la obligación, por razón de su empleo, cargo o comisión, de custodiar, vigilar, proteger o dar seguridad a personas, lugares, instalaciones u objetos, incumpla su deber y, en cualquier forma, propicie daño a las personas, a los lugares, instalaciones u objetos, o permita la pérdida o sustracción de objetos que se encuentren bajo su cuidado.

- Abuso de autoridad[120]

  - Cuando, para impedir la ejecución de una ley, decreto o reglamento, el cobro de un impuesto o el cumplimiento de una resolución judicial pida auxilio a la fuerza pública o la emplee con ese objeto.
  - Cuando indebidamente retarde o niegue a los particulares la protección o servicio que tenga la obligación de otorgarles, o impida la presentación o el curso de una solicitud.
  - Cuando, estando encargado de administrar justicia, bajo cualquier pretexto, aunque sea el de oscuridad o silencio de la ley, se niegue injustificadamente a despachar un negocio pendiente ante él, dentro de los términos establecidos por la ley.
  - Cuando el encargado o elemento de una fuerza pública, requerido legalmente por una autoridad competente para que le preste auxilio, se niegue a dárselo o lo retrase injustificadamente. La misma previsión se aplicará tratándose de peritos.

120 Código Penal Federal. (1931, agosto). Art. 215. México.

- Cuando, estando encargado de cualquier establecimiento destinado a la ejecución de sanciones privativas de libertad —instituciones de reinserción social, de custodia y rehabilitación de menores, reclusorios preventivos o administrativos, o centros de arraigo—, sin los requisitos legales, reciba como presa, detenida, arrestada, arraigada o interna a una persona, o la mantenga privada de su libertad sin dar parte del hecho a la autoridad correspondiente; niegue que está detenida, si lo estuviere, o no cumpla con la orden de libertad girada por la autoridad competente.
- Cuando, teniendo conocimiento de una privación ilegal de la libertad, no la denuncie inmediatamente a la autoridad competente o no la haga cesar de inmediato, si ello estuviere en sus atribuciones.
- Cuando haga que se le entreguen fondos, valores u otra cosa que no se le haya confiado y se los apropie o disponga de ellos indebidamente.
- Cuando obtenga, exija o solicite, sin derecho alguno o causa legítima, para sí o para cualquier otra persona, parte del sueldo o remuneración de uno o más de sus subalternos, dádivas u otros bienes o servicios.
- Cuando, en el ejercicio de sus funciones o con motivo de ellas, otorgue empleo, cargo o comisión públicos, o contratos de prestación de servicios profesionales o mercantiles, o de cualquier otra naturaleza remunerada, a sabiendas de que no se prestará el servicio para el que se nombró o no se cumplirá el contrato otorgado.
- Cuando autorice o contrate a quien se encuentre inhabilitado, por resolución firme de autoridad competente, para desempeñar un empleo, cargo o

comisión en el servicio público, o para participar en adquisiciones, arrendamientos, servicios u obras públicas, siempre que lo haga con conocimiento de tal situación.

- Cuando otorgue cualquier identificación en la que se acredite como servidor público a una persona que realmente no desempeñe el empleo, cargo o comisión a que se haga referencia en dicha identificación.
- Obligar a declarar a los abogados, consultores técnicos y notarios respecto de los asuntos en los cuales hubieran intervenido y sobre la información que deban reservarse para el ejercicio de su profesión; a los ministros de cualquier culto, en lo relativo a las confesiones recibidas en ejercicio de su ministerio; a los periodistas, en cuanto a los nombres, grabaciones, registros telefónicos, apuntes, archivos documentales y digitales y todo aquello que de manera directa o indirecta pudiera llevar a la identificación de las personas que, con motivo de su actividad, les proporcionen información de carácter reservado en la que sustenten cualquier publicación o comunicado; a las personas o servidores públicos que desempeñen cualquier otro empleo, cargo, oficio o profesión en virtud del cual la ley les reconozca el deber de guardar secreto profesional; y a los médicos, cirujanos, especialistas y psicólogos clínicos, respecto de la información concerniente a la salud de sus pacientes, conocida con motivo de su ejercicio profesional.
- Omitir realizar el registro inmediato de la detención correspondiente, falsear el reporte administrativo de detención, omitir actualizarlo debidamente o dilatar injustificadamente la puesta del detenido bajo la custodia de la autoridad correspondiente.

- Incumplir con la obligación de impedir la ejecución de conductas de privación de la libertad.

- Coalición de servidores públicos.[121]

  - Cometen este delito los servidores públicos que se coaliguen para tomar medidas contrarias a una ley, reglamento u otras disposiciones de carácter general, impedir su ejecución o hacer dimisión de sus puestos con el fin de impedir o suspender la administración pública en cualquiera de sus ramas.
  - No cometen este delito los trabajadores que se coaliguen en ejercicio de sus derechos constitucionales o que hagan uso del derecho de huelga.

- Uso ilícito de atribuciones y facultades.[122]

  - Comete este delito el servidor público que otorgue concesiones de prestación de servicios públicos o de explotación, aprovechamiento y uso de bienes del dominio de la federación.
  - El servidor público que otorgue permisos, licencias, adjudicaciones o autorizaciones de contenido económico.
  - El servidor público que otorgue franquicias, exenciones, deducciones o subsidios sobre impuestos, derechos, productos, aprovechamientos o aportaciones y cuotas de seguridad social; en general, sobre los ingresos fiscales y sobre precios y tarifas de

121 Código Penal Federal. (1931, agosto). Art. 216. México.
122 Código Penal Federal. (1931, agosto). Art. 217. México.

los bienes y servicios producidos o prestados en la Administración Pública Federal.

- El servidor público que otorgue, realice o contrate obras públicas, adquisiciones, arrendamientos o enajenaciones de bienes o servicios con recursos públicos.
- El servidor público que contrate deuda o realice colocaciones de fondos y valores con recursos públicos.
- Cuando el servidor público, a sabiendas de la ilicitud del acto y del perjuicio al patrimonio, al servicio público o a otra persona, niegue el otorgamiento o contratación de las operaciones a que se refiere la presente fracción, existiendo todos los requisitos establecidos en la normatividad aplicable para su otorgamiento, o cuando, siendo responsable de administrar y verificar directamente el cumplimiento de los términos de una concesión, permiso, asignación o contrato, se haya abstenido de cumplir con dicha obligación.
- Toda persona que solicite o promueva la realización, el otorgamiento o la contratación indebidos de las operaciones mencionadas.
- El servidor público que, teniendo a su cargo fondos públicos, les dé una aplicación distinta de aquella a la que estuvieran destinados o efectúe un pago ilegal.
- El particular que, en su carácter de contratista, permisionario o titular de una concesión de prestación de un servicio público de explotación, aprovechamiento o uso de bienes del dominio de la federación, genere y utilice información falsa o alterada respecto de los rendimientos o beneficios que obtenga,

con el objeto de obtener un beneficio para sí o para un tercero.[123]

- El particular que, en su carácter de contratista, permisionario, titular de una concesión de prestación de un servicio público de explotación, aprovechamiento o uso de bienes del dominio de la federación, oculte información sobre los rendimientos o beneficios que obtenga.

- Remuneración ilícita.[124]

  - Además de las responsabilidades políticas y administrativas, incurrirá en delito el servidor público que apruebe o refrende el pago, o que suscriba el comprobante, cheque, nómina u orden de pago de una remuneración, retribución, jubilación, pensión, haber de retiro, liquidación por servicios prestados, préstamo o crédito no utilizado de conformidad con lo dispuesto en la *Ley Federal de Remuneraciones de los Servidores Públicos.*
  - Cometerá también este delito quien reciba un pago indebido en los términos del punto inmediato anterior sin realizar el reporte dentro del plazo señalado en el artículo 5 de la *Ley Federal de Remuneraciones de los Servidores Públicos,* teniendo conocimiento de la ilicitud del acto, excepto cuando forme parte del personal de base o supernumerario de las entidades públicas que no tengan puesto de mando medio o superior, así como el personal de tropa y clases de las fuerzas armadas, o en los casos

123 Código Penal Federal. (1931, agosto). Art. 217 Bis. México.
124 Código Penal Federal. (1931, agosto). Art. 217 Ter. México.

considerados por el mismo artículo 5 de la referida ley como falta no grave.

- Concusión.[125]

    - Comete delito de **concusión** el servidor público que, a título de impuesto o contribución, recargo, renta, rédito, salario o emolumento, exija, por sí o por medio de otro, dinero, valores, servicios o cualquier otra cosa que sepa no ser debida, o en mayor cantidad que la señalada por la ley.

- Intimidación.[126]

    - Comete este delito el servidor público que, por sí o por interpósita persona, utilizando violencia física o moral, inhiba o intimide a cualquier persona para evitar que esta o un tercero denuncie, formule querella o aporte información relativa a la presunta comisión de una conducta sancionada por la legislación penal o por la *Ley General de Responsabilidades Administrativas.*
    - Comete delito de **intimidación** el servidor público que, con motivo de la querella, denuncia o información mencionadas en el punto anterior, realice una conducta ilícita u omita una lícita debida que lesione los intereses de las personas que las presten o aporten, o de algún tercero con quien dichas personas guarden algún vínculo familiar, de negocios o afectivo.

125 Código Penal Federal. (1931, agosto). Art. 218. México.
126 Código Penal Federal. (1931, agosto). Art. 219. México.

- Ejercicio abusivo de funciones.[127]

  - Comete **ejercicio abusivo de funciones** el servidor público que, en el desempeño de su empleo, cargo o comisión, ilícitamente otorgue, por sí o por interpósita persona, contratos, concesiones, permisos, licencias, autorizaciones, franquicias, exenciones, o efectúe compras o ventas, o realice cualquier acto jurídico que produzca beneficios económicos para sí, para su cónyuge, descendientes o ascendientes, parientes por consanguinidad o afinidad hasta el cuarto grado, para cualquier tercero con el que tenga vínculos afectivos, económicos o de dependencia administrativa directa, o para socios o sociedades de las que el servidor público o las personas antes referidas formen parte.
  - Comete ejercicio abusivo de funciones el servidor público que valiéndose de la información que posea por razón de su empleo, cargo o comisión, sea o no materia de sus funciones, y que no sea del conocimiento público, haga por si, o por interpósita persona, inversiones, enajenaciones o adquisiciones, o cualquier otro acto que le produzca algún beneficio económico indebido al servidor público o a su cónyuge, descendiente o ascendiente, parientes por consanguinidad o afinidad hasta el cuarto grado, a cualquier tercero con el que tenga vínculos afectivos, económicos o de dependencia administrativa directa, socios o sociedades de las que el servidor público o las personas antes referidas formen parte.

127 Código Penal Federal. (1931, agosto). Art. 220. México.

- Tráfico de influencias[128]

    - Comete tráfico de influencias el servidor público que por sí o por interpósita persona promueva o gestione la tramitación o resolución ilícita de negocios públicos ajenos a las responsabilidades inherentes a su empleo, cargo o comisión.
    - Se actualiza el tráfico de influencia cuando cualquier persona promueve la conducta ilícita del servidor público que por sí o por interpósita persona promueva o gestione la tramitación o resolución ilícita de negocios públicos ajenos a las responsabilidades inherentes a su empleo, cargo o comisión.
    - Realiza tráfico de influencias aquel servidor público que por sí o por interpósita persona indebidamente, solicite o promueva cualquier resolución o la realización de cualquier acto materia del empleo, cargo o comisión de otro servidor público, que produzca beneficios económicos para sí o a su cónyuge, descendiente o ascendiente, parientes por consanguinidad o afinidad hasta el cuarto grado, a cualquier tercero con el que tenga vínculos afectivos, económicos o de dependencia administrativa directa, socios o sociedades de las que el servidor público o las personas antes referidas formen parte.

- Cohecho[129]

    - Se actualiza el delito de cohecho cuando el servidor público de manera directa o por interpósita

128 Código Penal Federal. (1931, agosto). Art. 221. México.
129 Código Penal Federal. (1931, agosto). Art. 222. México.

persona solicite o reciba ilícitamente para sí o para otro, dinero o cualquier beneficio, o acepte una promesa para hacer o dejar de realizar un acto propio de sus funciones inherentes a su empleo, cargo o comisión.

  - Cuando el que dé, prometa o entregue cualquier beneficio a alguna de las personas que se mencionan en el artículo 212 del *Código Penal Federal*, para que haga u omita un acto relacionado con sus funciones, a su empleo, cargo o comisión.
  - El legislador federal que, en el ejercicio de sus funciones o atribuciones, y en el marco del proceso de aprobación del presupuesto de egresos respectivo, gestiones o solicite la asignación de recursos a favor de un ente público, exigiendo u obteniendo, para sí o para un tercero, una comisión, dádiva o contraprestación, en dinero o en especie, distinta a la que le corresponde por el ejercicio de su encargo.
  - El legislador federal que, en el ejercicio de sus funciones o atribuciones, y en el marco del proceso de aprobación del presupuesto de egresos respectivo, gestiones o solicite el otorgamiento de contrato de obra pública o de servicios a favor de determinadas personas físicas o morales.

- Cohecho a servidores públicos extranjeros.[130]

  - Se actualiza el cohecho a servidores públicos extranjeros cuando una persona pretenda obtener para sí o para otra persona ventajas indebidas en el desarrollo o conducción de transacciones comerciales

130 Código Penal Federal. (1931, agosto). Art. 222 Bis. México.

internacionales, ofrezca, prometa o dé, por sí o por interpósita persona, dinero o cualquier otra dádiva, ya sea en bienes o en servicios a un servidor público extranjero, en su beneficio o el de un tercero para que dicho servidor público gestione o se abstenga de gestionar la tramitación o resolución de asuntos relacionados con las funciones inherentes a su empleo, cargo o comisión.

- Se actualiza el cohecho a servidores públicos extranjeros cuando una persona pretenda obtener para sí o para otra persona ventajas indebidas en el desarrollo o conducción de transacciones comerciales internacionales, ofrezca, prometa o dé, por sí o por interpósita persona, dinero o cualquier otra dádiva, ya sea en bienes o en servicios a un servidor público extranjero en su beneficio o el de un tercero para que dicho servidor público gestione la tramitación o resolución de cualquier asunto que se encuentre fuera del ámbito de las funciones inherentes a su empleo, cargo o comisión.
- Se actualiza el cohecho a servidores públicos extranjeros cuando una persona pretenda obtener para sí o para otra persona ventajas indebidas en el desarrollo o conducción de transacciones comerciales internacionales, ofrezca, prometa o dé, por sí o por interpósita persona, dinero o cualquier otra dádiva, ya sea en bienes o en servicios a cualquier persona para que acuda ante un servidor público extranjero y le requiera o le proponga llevar a cabo la tramitación o resolución de cualquier asunto relacionado con las funciones inherentes al empleo, cargo o comisión de este último.

- Peculado.[131]

    - Comete delito de peculado aquel servidor público que para su beneficio o el de una tercera persona física o moral, distraiga de su objeto dinero, valores, fincas o cualquier otra cosa perteneciente al Estado o a un particular, si por razón de su cargo los hubiere recibido en administración, en depósito, en posesión o por otra causa.
    - Se actualiza el peculado cuando ilícitamente un servidor público utilice fondos públicos para promover la imagen política o social de su persona, la de su superior jerárquico o la de un tercero, o a fin de denigrar a cualquier persona.
    - Comete peculado aquella persona que solicite o acepte realizar las promociones o denigraciones mencionadas en el punto anterior, a cambio de fondos públicos o del disfrute de los beneficios derivados de los actos a que se refiere el artículo 217 del Código Penal Federal.
    - El peculado se realiza cuando cualquier persona que sin tener el carácter de servidor público federal y estando obligada legalmente a la custodia, administración o aplicación de recursos públicos federales, los distraiga de su objeto para usos propio o ajenos o les dé una aplicación distinta a la que se les destinó.

131 Código Penal Federal. (1931, agosto). Art. 223. México.

- Enriquecimiento ilícito.[132]

    - Se actualiza el enriquecimiento ilícito cuando el servidor público no pudiere acreditar el legítimo aumento de su patrimonio o la legítima procedencia de los bienes a su nombre o de aquellos respecto de los cuales se conduce como dueño, es decir, de los bienes que disponga su cónyuge y sus dependientes económicos directos, salvo que el servidor público acredite que éstos los obtuvieron por sí mismos.

- Delitos cometidos contra la administración de justicia.[133]

    - Conocer de negocios para los cuales tengan impedimento legal o abstenerse de conocer de los que les corresponda, sin tener impedimento legal para ello.
    - Desempeñar algún otro empleo oficial o un puesto o cargo particular que la ley les prohíba.
    - Litigar por sí o por interpósita persona, cuando la ley les prohíba el ejercicio de su profesión.
    - Dirigir o aconsejar a las personas que ante ellos litiguen.
    - No cumplir una disposición que legalmente se les comunique por su superior competente, sin causa fundada para ello.
    - Dictar, a sabiendas, una resolución de fondo o una sentencia definitiva que sean ilícitas por violar algún precepto terminante de la ley, o ser contrarias a las actuaciones seguidas en juicio u omitir dictar una

132 Código Penal Federal. (1931, agosto). Art. 224. México.
133 Código Penal Federal. (1931, agosto). Art. 225. México.

resolución de trámite, de fondo o una sentencia definitiva lícita, dentro de los términos dispuestos en la ley.

- Ejecutar actos o incurrir en omisiones que produzcan un daño o concedan a alguien una ventaja indebida.
- Retardar o entorpecer maliciosamente, o por negligencia, la administración de justicia.
- Abstenerse injustificadamente de ejercer la acción penal que corresponda contra una persona detenida a su disposición como imputado de algún delito, cuando esta sea procedente conforme a la Constitución y a las leyes de la materia, en los casos en que la ley le imponga esa obligación; o ejercitar la acción penal cuando no proceda denuncia, acusación o querella.
- Detener a un individuo fuera de los casos señalados por la ley, o retenerlo por más tiempo del permitido en la Constitución.
- Ocultar al imputado el nombre de quien lo acusa, salvo en los casos previstos por la ley, no darle a conocer el delito que se le atribuye o no realizar el descubrimiento probatorio conforme a lo que establece el Código Nacional de Procedimientos Penales.
- Prolongar la prisión preventiva por más tiempo del que como máximo fije la ley al delito que motive el procedimiento.
- Imponer contribuciones en cualesquiera lugares de detención o internamiento.
- Demorar injustificadamente el cumplimiento de resoluciones judiciales en las que se ordene poner en libertad a un detenido.
- No dictar auto de vinculación a proceso o de libertad de un detenido dentro de las setenta y dos horas

siguientes a que lo pongan a su disposición, salvo que el inculpado haya solicitado la ampliación del plazo, en cuyo caso se estará al nuevo término.

- Ordenar o practicar cateos o visitas domiciliarias fuera de los casos autorizados por la ley.
- Abrir procedimiento penal contra un servidor público con fuero sin que previamente se le haya retirado este, conforme a lo dispuesto por la ley.
- Ordenar la aprehensión de un individuo por delito que no amerite pena privativa de libertad, o en casos en que no proceda denuncia, acusación o querella; o realizar la aprehensión sin poner al detenido a disposición del juez en el término señalado por el artículo 16 de la Constitución.
- Encargados o empleados de centros penitenciarios que cobren cualquier cantidad a imputados, sentenciados o a sus familiares, a cambio de proporcionarles bienes o servicios que gratuitamente brinde el Estado, u otorgar condiciones de privilegio en alojamiento, alimentación o régimen.
- Rematar, en favor de ellos mismos, por sí o por interpósita persona, los bienes objeto de un remate en cuyo juicio hubieren intervenido.
- Admitir o nombrar un depositario o entregar a este los bienes secuestrados sin el cumplimiento de los requisitos legales correspondientes.
- Advertir ilícitamente al demandado respecto de la providencia de embargo decretada en su contra.
- Nombrar síndico o interventor en un concurso o quiebra a una persona que sea deudor, pariente, que haya sido abogado del fallido, o a alguien que tenga con el funcionario relación de parentesco, estrecha amistad o negocios de interés común.

- Permitir, fuera de los casos previstos por la ley, la salida temporal de las personas que están recluidas.
- No ordenar la libertad de un imputado, decretando su vinculación a proceso, cuando sea acusado por delito o modalidad que tenga señalada pena no privativa de libertad o alternativa.
- Dar a conocer a quien no tenga derecho documentos, constancias o información que obren en una carpeta de investigación o en un proceso penal, y que por disposición de la ley o resolución de la autoridad judicial sean reservados o confidenciales.
- Retener al imputado sin cumplir con los requisitos que establecen la Constitución y las leyes respectivas.
- Alterar, modificar, ocultar, destruir, perder o perturbar el lugar de los hechos o del hallazgo, indicios, evidencias, objetos, instrumentos o productos relacionados con un hecho delictivo, o el procedimiento de cadena de custodia.
- Desviar u obstaculizar la investigación del hecho delictuoso o favorecer que el imputado se sustraiga a la acción de la justicia.
- Obligar a una persona o a su representante a otorgar el perdón en los delitos que se persiguen por querella.
- Obligar a una persona a renunciar a su cargo o empleo para evitar responder a acusaciones de acoso, hostigamiento o para ocultar violaciones a la Ley Federal del Trabajo.
- Quien ejerza funciones de supervisor de libertad y, con motivo de ellas, haga amenazas, hostigue o ejerza violencia contra la persona procesada o sentenciada, su familia o posesiones.
- Quien ejerza funciones de supervisor de libertad y, de manera indebida, requiera favores, acciones o

cualquier transferencia de bienes de la persona procesada, sentenciada o su familia.

- Quien ejerza funciones de supervisor de libertad y falsee informes o reportes al juez de ejecución.

Área de oportunidad VII
Sistema de selección intelectual y profesional para el ejercicio de la función pública

No olvidemos que lobos, leones y gorilas (por citar algunos ejemplos) en su estado natural cuentan con un líder, un macho alfa, que por lo general es el más fuerte, el más inteligente y el que se aparea con las hembras del grupo. Esto último no es una circunstancia al azar: la naturaleza, después de millones de años, ha provocado el surgimiento de estos líderes mejor adaptados genéticamente como producto de la selección natural, lo que permite que superen las más duras condiciones de su entorno.

Llevando esta idea al contexto humano, nosotros también formamos parte de esa selección natural y hemos alcanzado una inteligencia que nos permite comprender racionalmente que el mejor adaptado y más apto para enfrentar las adversidades de la vida debería ser el líder del grupo. De ahí que debamos borrar por completo el esquema político que permite a todas las personas «votar y ser votados», pues intrínsecamente abre la puerta a que demagogos e ignorantes participen en elecciones populares para ocupar cargos públicos, quienes no alcanzan a comprender que sus intereses personales no pueden estar por encima de los intereses de la nación.

Es momento de seguir la lógica de la evolución darwiniana: debemos impedir que los menos adaptados formen parte de la administración pública y dejar que los más preparados accedan a ella. **Las leyes naturales son incontrovertibles**, y debemos ver a nuestro país como un ente vivo que requiere de los elementos más nutritivos para sobrevivir y enfrentar tiempos de crisis. No seamos ingenuos al pensar que una manada de lobos será liderada por el macho más débil y torpe. Quitémonos la venda de los ojos y reconozcamos que debemos imitar la selección natural y homologarla a una selección intelectual y profesional en el servicio público.

La principal diferencia entre los humanos
y los animales es que los animales nunca permitirían
que los lidere el más estúpido de la manada.
WINSTON CHURCHILL

En efecto, si la historia nos ha mostrado que la selección natural funciona para los mejor adaptados, ¿por qué no aplicarla en la administración pública con el intelecto de las personas? ¿No sería un gran beneficio para la sociedad implementar un «sistema de selección intelectual y profesional para el ejercicio de la función pública»? Solo el mejor preparado profesional y académicamente, con una trayectoria honorable, debería tener derecho a votar y ser votado con el fin de tomar decisiones sobre el futuro del país.

Esto cobra más relevancia si observamos que, en Latinoamérica, sufrimos de servidores públicos totalmente desorganizados para realizar el bien común, pero muy bien organizados para enriquecerse.

¿Cuántos gobiernos y funcionarios desconocen el contexto en el que viven los gobernados? Incapaces de lidiar con los problemas cotidianos porque son flojos y mezquinos, olvidan que su existencia se debe al Pueblo y su servicio únicamente debe ser para beneficio de éste.

El Índice de Percepción de Corrupción clasifica a los países por sus niveles percibidos de corrupción en el sector público, siendo Dinamarca, Finlandia, Nueva Zelanda, Noruega, Singapur y Suecia las naciones menos corruptas del mundo. De ahí surge la necesidad de tomar en cuenta sus programas e ideas para combatir y prevenir la corrupción.

Por ejemplo, en Noruega los servidores públicos realizan estudios sobre el candidato ideal para ocupar un cargo público, los cuales incluyen exámenes psicológicos para conocer su perfil, así como pruebas de conocimientos, cuyos resultados son sometidos a un comité final que selecciona al más apto.

Otro caso es el de Singapur, que en los años cincuenta incrementó la dureza de las penas para los corruptos, en especial en los sectores de salud y educación. Se organizaba la rotación de empleados públicos para evitar negocios indebidos con particulares, se ordenaban auditorías a las cuentas de los servidores públicos y sus dependientes económicos, y se proyectaban en cines y colegios cortometrajes orientadores sobre la corrupción. Entre otras medidas, se evitó la interacción directa entre particulares y servidores públicos, promoviendo en su lugar el uso de la tecnología para la realización de trámites gubernamentales.[134]

Lee Kuan Yew, primer ministro de Singapur (1959-1990), estaba tan determinado a erradicar la corrupción en ese país que llegó a declarar lo siguiente: «Si quieres derrotar a la corrupción, debes estar preparado para mandar a la cárcel a tus amigos y familiares». Y eso es, precisamente, lo que hace falta realizar en Latinoamérica: un verdadero líder con mano firme que actúe en contra de la corrupción.

---

134 La Nación. (2021, julio 24). *El líder que terminó con la corrupción en su país y lo llevó a ser el más competitivo del mundo.* https://www.lanacion.com.ar/el-mundo/el-lider-que-termino-con-la-corrupcion-en-su-pais-y-lo-llevo-a-ser-el-mas-competitivo-del-mundo-nid24072021/

No debe pasar inadvertido que Singapur es uno de los países más ricos del mundo y con los índices de corrupción más bajos.[135]

Lee Kuan Yew creó en 1952, en Singapur, la Corrupt Practices Investigation Bureau (CPIB, Oficina de Investigación de Prácticas Corruptas), una agencia gubernamental dependiente de la Oficina del Primer Ministro, con la facultad de investigar cualquier acto o forma de corrupción en los sectores público y privado. Sus atribuciones son tan amplias que incluso puede investigar al propio primer ministro.

Como resultado de este enfoque, se desarrolló la *Norma de Singapur (SS) ISO 37001* sobre sistemas de gestión antisoborno. En 1986, el exministro de Desarrollo, Teh Cheang Wan, cometió suicidio cuando comenzaba la investigación en su contra; aun cuando sostenía su inocencia, no soportó la deshonra de ser acusado.[136]

Lee Kuan Yew también profesionalizó el empleo público, pues los servidores públicos reciben salarios muy elevados; incluso el sueldo de un ministro puede alcanzar el millón de dólares anuales. De ahí que estos no pretendan arriesgar sus empleos, cargos o comisiones incurriendo en actos de corrupción.

Además, se ajustaron los salarios ministeriales al Producto Interno Bruto (PIB); es decir, cuando la economía de Singapur crece, los ministros reciben un aumento de sueldo, como si el único objetivo de su trabajo fuera el crecimiento del país.[137]

Como podemos advertir, sí existen países que cuentan con instituciones inclusivas, pero, particularmente, son sus políticas

---

135 El Tiempo. (s. f.). *¿Cómo se acabó la corrupción en Singapur?* https://www.eltiempo.com/colombia/otras-ciudades/como-se-acabo-la-corrupcion-en-singapur-386920

136 Corrupt Practices Investigation Bureau. (s. f.). *Roles and functions.* https://www.cpib.gov.sg/who-we-are/our-work/roles-functions/

137 Harari, Y. N. (s. f.). *Homo Deus* (p. 233). Editorial Debate.

públicas las que realmente pretende prevenir, detectar y erradicar la corrupción. En cambio, los gobiernos que han estado en el poder en Latinoamérica no han tenido la más mínima intención de combatir la corrupción, pues sus instituciones resultan ser extractivas (extraen los recursos públicos para enriquecerse unos cuantos). Por ello, debemos aprender de los errores de las generaciones presentes y pasadas para que los futuros servidores públicos (ahora menores de edad e incluso quienes aún no han nacido) sean verdaderos líderes que hagan lo que nosotros no hicimos.

Podría decirse que estas ideas se prestan para una locura, pero ¿no resulta más delirante formar parte de un pacto social que no percibes con tus sentidos, pero que estás obligado a cumplir hasta la muerte, en el cual solo los servidores públicos de la élite se benefician y sus delitos quedan impunes? El verdadero crimen organizado se encuentra en las altas esferas de la administración pública; de ahí que sea necesario cambiar el rumbo y tomar decisiones diferentes para obtener resultados diferentes.

Es una locura hacer lo mismo una
y otra vez, esperando resultados diferentes.
ALBERT EINSTEIN

Participación del Servicio de Administración Tributaria y sus homólogos en juicios civiles y mercantiles

Resulta indispensable que las autoridades fiscales federales del país conozcan de los juicios que tramiten los servidores públicos y sus dependientes económicos en materia civil o mercantil, con el objeto de identificar las acciones que promuevan los interesados y cuyos efectos impliquen aumentar, de manera directa o indirecta, su patrimonio.

En efecto, bajo la hipótesis de que un servidor público pretenda desviar recursos públicos y, posteriormente, realizar «fraude a la ley» promoviendo juicios civiles o mercantiles para justificar el aumento de su patrimonio, podría ocurrir lo siguiente: con la ayuda de un «deudor», se promueve un juicio en el que este último se allana a las pretensiones del actor (servidor público), pagando la suma señalada en el pagaré sin más reclamo ni controversia, con lo cual el recurso económico ingresaría a su patrimonio de manera «justificada».

De ahí la trascendencia de que todos los servidores públicos deban informar a su superior jerárquico, con copia al Órgano Interno de Control, sobre los juicios en materia civil o mercantil que pretendan interponer, con el objeto de justificar sus acciones, pues existe el riesgo fundado de que promuevan juicios cuyos efectos sean el aumento ilícito de su patrimonio, configurando así un fraude a la ley.

Ahora bien, si lo analizamos detenidamente, esta medida no solo ayudaría a las autoridades fiscales federales a conocer los juicios promovidos por los servidores públicos, sino que también permitiría evaluar sus efectos en el aumento patrimonial de los contribuyentes en general, facilitando el conocimiento de los verdaderos ingresos, así como del valor de los actos o actividades por los cuales deban pagarse contribuciones.

Capítulo VIII
Marco normativo en México del Sistema Nacional Anticorrupción

Normatividad internacional

Con la reforma a los artículos 22, 28, 41, 73, 74, 76, 79, 104, 108, 109, 113, 114, 116 y 122 de la *Constitución Política de los Estados Unidos Mexicanos*, promulgada el 27 de mayo de 2015, se dio inicio al Sistema Nacional Anticorrupción, generando así nuevas facultades para autoridades y tribunales administrativos. Incluso provocó la creación de tribunales de justicia administrativa en los estados que carecían de uno.[138]

No debemos pasar inadvertido que el artículo 73, fracción XXIX-V, de la *Constitución Política de los Estados Unidos Mexicanos* reconoce que será facultad del Congreso de la Unión expedir la ley general que distribuya competencias entre los órdenes de gobierno para establecer las responsabilidades administrativas de los servidores públicos, sus obligaciones, las sanciones aplicables por los actos u omisiones en que estos incurran y las que correspondan a los particulares vinculados con faltas administrativas graves que, al efecto, se prevean, así como los procedimientos para su aplicación.[139]

---

138 Constitución Política de los Estados Unidos Mexicanos. (1917). Arts. 22-122. México.

139 Constitución Política de los Estados Unidos Mexicanos. (1917). Art. 73. México.

Interpretado a contrario sensu, debemos entender la imposibilidad de los estados para emitir normatividad relacionada con las responsabilidades administrativas; es decir, su marco normativo parte de la *Ley General de Responsabilidades Administrativas*, y cualquier precepto que intente superarla o contradecirla podrá ser declarado inconstitucional.

El **Sistema Nacional Anticorrupción** tiene efectos jurídicos en todos los niveles de gobierno —federal, local y municipal—, y debe considerarse como única excepción su aplicación cuando se pretenda iniciar un procedimiento contra un servidor público que pertenezca al Poder Judicial o al Ejecutivo, tanto a nivel federal como estatal, toda vez que existe normatividad especial para estos dos casos particulares.

En efecto, será el **Tribunal de Disciplina** quien realizará la investigación, sustanciación y resolución en materia: 1) Constitucional, 2) Electoral y 3) Administrativa sobre servidores públicos que pertenezcan al Poder Judicial, de conformidad con los artículos 94 y 109 de la *Constitución Política de los Estados Unidos Mexicanos*.[140]

Asimismo, el tercer párrafo del artículo 108 de la *Constitución Política de los Estados Unidos Mexicanos* establece la facultad para investigar, sustanciar y sancionar a los ejecutivos de las entidades federativas; a los diputados de las legislaturas locales; a los magistrados de los tribunales superiores de justicia locales; en su caso, a los miembros de los consejos de las judicaturas locales; a los integrantes de los ayuntamientos y alcaldías; a los miembros de los organismos a los que las constituciones locales les otorguen autonomía; así como a los demás servidores públicos locales, por violaciones a esta Constitución y a las leyes

140 Constitución Política de los Estados Unidos Mexicanos. (1917). Arts. 94 y 109. México.

federales, así como por el manejo y aplicación indebidos de fondos y recursos federales.

En lo que se refiere al Ejecutivo Federal, el segundo párrafo del artículo 108 de la *Constitución Política de los Estados Unidos Mexicanos* ordena que el presidente de la República podrá ser imputado y juzgado por traición a la patria, hechos de corrupción, delitos electorales y todos aquellos delitos por los que podría ser enjuiciado cualquier ciudadano o ciudadana.

Leyes secundarias del Sistema Nacional Anticorrupción aprobadas por el Congreso

1. Ley de Fiscalización y Rendición de Cuentas de la Federación.
2. Ley General del Sistema Nacional Anticorrupción.
3. Ley General de Responsabilidades Administrativas.
4. Ley Orgánica del Tribunal Federal de Justicia Administrativa.
5. Ley Orgánica de la Procuraduría General de la República.
6. Código Penal Federal.
7. Ley Orgánica de la Administración Pública Federal.

Leyes relacionadas con el Sistema Nacional Anticorrupción

1. Ley Federal de Presupuesto y Responsabilidad Hacendaria.
2. Ley de Coordinación Fiscal.
3. Reglamento Interior de la Secretaría Anticorrupción y Buen Gobierno.
4. Acuerdo por el que se establecen las Disposiciones Generales para la Realización de Auditorías y Visitas de Inspección.

5. Acuerdo por el que se establecen las Disposiciones Generales para la Realización del Proceso de Fiscalización.
6. Boletín Normas Generales de Auditoría Pública.
7. Normas Profesionales de Auditoría del Sistema Nacional de Fiscalización.
8. Ley General de Contabilidad Gubernamental.
9. Ley de Disciplina Financiera de las Entidades Federativas y los Municipios.
10. Ley de Ingresos.
11. Presupuesto de Egresos.

Ley de Fiscalización y Rendición de Cuentas de la Federación

Es de orden público y tiene por objeto reglamentar los artículos 73, fracción XXIV; 74, fracciones II y VI; y 79 de la *Constitución Política de los Estados Unidos Mexicanos* en materia de revisión y fiscalización de la Cuenta Pública. Regula también las situaciones irregulares que se denuncien respecto al ejercicio fiscal en curso o a ejercicios anteriores distintos al de la Cuenta Pública en revisión, la aplicación de las fórmulas de distribución, ministración y ejercicio de las participaciones federales, así como el destino y ejercicio de los recursos provenientes de financiamientos contratados por los estados y municipios que cuenten con garantía de la Federación.

La Auditoría Superior de la Federación podrá fiscalizar las operaciones que involucren recursos públicos federales o participaciones federales a través de contrataciones, subsidios, transferencias, donativos, fideicomisos, fondos, mandatos, asociaciones público-privadas o cualquier otra figura jurídica, así como el otorgamiento de garantías sobre empréstitos de estados y municipios, entre otras operaciones.

Ley General del Sistema Nacional Anticorrupción

Tiene por objeto establecer las bases de coordinación entre la Federación, las entidades federativas, los municipios y las alcaldías de la Ciudad de México para el funcionamiento del sistema nacional previsto en el artículo 113 de la *Constitución Política de los Estados Unidos Mexicanos*. Busca que las autoridades competentes prevengan, investiguen y sancionen las faltas administrativas y los hechos de corrupción.

Asimismo, tiene por objeto establecer la coordinación entre los diversos órganos de combate a la corrupción en la Federación, las entidades federativas, los municipios y las alcaldías de la Ciudad de México; establecer las bases mínimas para la prevención de hechos de corrupción y faltas administrativas; y promover la emisión de políticas públicas integrales en el combate a la corrupción, así como en la fiscalización y control de los recursos públicos.

Plantea también las directrices básicas que definan la coordinación de las autoridades competentes para la generación de políticas públicas en materia de prevención, detección, control, sanción, disuasión y combate a la corrupción; regula la organización y funcionamiento del Sistema Nacional, su Comité Coordinador y su Secretaría Ejecutiva; y establece las bases de coordinación entre sus integrantes.

Además, fija las bases, principios y procedimientos para la organización y funcionamiento del Comité de Participación Ciudadana, así como las políticas para la promoción, fomento y difusión de la cultura de integridad en el servicio público, la rendición de cuentas, la transparencia, la fiscalización y el control de los recursos públicos.

Incluye, de igual modo, las acciones permanentes que aseguren la integridad y el comportamiento ético de los servidores públicos, y establece las bases mínimas para que todo órgano del Estado mexicano adopte políticas eficaces de ética pública y responsabilidad en el servicio público. También fija las bases del Sistema Nacional de Fiscalización y las mínimas para crear e implementar sistemas electrónicos de suministro, intercambio, sistematización y actualización de la información generada por las instituciones competentes de los órdenes de gobierno.

Ley General de Responsabilidades Administrativas

Tiene por objeto distribuir competencias entre los órdenes de gobierno para establecer las responsabilidades administrativas de los servidores públicos, sus obligaciones, las sanciones aplicables por los actos u omisiones en que estos incurran, así como las que correspondan a los particulares vinculados con faltas administrativas graves. También regula los procedimientos para su aplicación.

Establece los principios y obligaciones que rigen la actuación de los servidores públicos; determina qué faltas administrativas resultan graves o no graves, las sanciones aplicables a estas, así como los procedimientos para su aplicación y las facultades de las autoridades competentes para tal efecto.

Fija también las sanciones por la comisión de faltas de particulares, los procedimientos para su aplicación y las facultades de las autoridades competentes. Asimismo, determina los mecanismos para la prevención, corrección e investigación de responsabilidades administrativas, y crea las bases para que todo ente público establezca políticas eficaces de ética pública y responsabilidad en el servicio público.

Ley Orgánica del Tribunal Federal de Justicia Administrativa

Tiene por objeto determinar la integración, organización, atribuciones y funcionamiento del Tribunal Federal de Justicia

Administrativa, el cual es un órgano jurisdiccional con autonomía para emitir sus fallos y con jurisdicción plena. Formará parte del Sistema Nacional Anticorrupción y estará sujeto a las bases establecidas en el artículo 113 de la *Constitución Política de los Estados Unidos Mexicanos*, en la ley general correspondiente y en el presente ordenamiento.

Las resoluciones que emita el Tribunal deberán apegarse a los principios de legalidad, máxima publicidad, respeto a los derechos humanos, verdad material, razonabilidad, proporcionalidad, presunción de inocencia, tipicidad y debido proceso.

Ley Orgánica de la Procuraduría General de la República

Tiene por objeto organizar la Procuraduría General de la República para el despacho de los asuntos que la *Constitución Política de los Estados Unidos Mexicanos* confiere al Ministerio Público de la Federación y al procurador general de la República.

Pertenece al Poder Ejecutivo Federal y ejercerá sus atribuciones respondiendo al interés social y al bien común. Sus actuaciones se regirán por los principios de certeza, legalidad, objetividad, imparcialidad, eficiencia, profesionalismo, honradez, lealtad, disciplina y respeto a los derechos humanos.

Código Penal Federal

Debe consultarse en sus Títulos Décimo y Décimo Primero, denominados «Delitos por hechos de corrupción» (artículo 212) y «Delitos cometidos contra la administración de justicia» (artículo 225).

En el primero se establece el concepto de servidor público y las sanciones aplicables en caso de comisión de un delito por hechos de corrupción; mientras que en el segundo se precisan particularidades de los actos y omisiones de los servidores públicos.

Ley Orgánica de la Administración Pública Federal

Establece las bases de organización de la Administración Pública Federal, centralizada y paraestatal.

Ley Federal de Presupuesto y Responsabilidad Hacendaria

Tiene por objeto reglamentar los artículos 74, fracción IV; 75; 126; 127, y 134 de la *Constitución Política de los Estados Unidos Mexicanos*, en materia de programación, presupuestación, aprobación, ejercicio, control y evaluación de los ingresos y egresos públicos federales.

Los sujetos obligados a cumplir las disposiciones de esta ley deberán observar que la administración de los recursos públicos federales se realice con base en criterios de legalidad, honestidad, eficiencia, eficacia, economía, racionalidad, austeridad, transparencia, control, rendición de cuentas y equidad de género.

Ley de Coordinación Fiscal

Tiene por objeto coordinar el sistema fiscal de la Federación con las entidades federativas, los municipios y las demarcaciones territoriales, para establecer la participación que corresponda a sus haciendas públicas en los ingresos federales; distribuir entre ellas dichas participaciones; fijar reglas de colaboración administrativa entre las diversas autoridades fiscales; constituir los organismos en materia de coordinación fiscal, y establecer las bases de su organización y funcionamiento.

La Secretaría de Hacienda y Crédito Público celebrará convenios con las entidades que soliciten adherirse al Sistema Nacional de Coordinación Fiscal. Dichas entidades participarán en el total de los impuestos federales y en los demás ingresos que señale esta ley mediante la distribución de los fondos que en ella se establecen.

La información financiera que generen las entidades federativas y los municipios, relativa a la coordinación fiscal, se deberá regir por los principios de transparencia y de contabilidad gubernamental, en los términos de la *Ley General de Contabilidad Gubernamental.*

Reglamento Interior de la Secretaría Anticorrupción y Buen Gobierno

Su objeto es especificar las disposiciones de la *Ley Orgánica de la Administración Pública Federal* y demás leyes relacionadas con la Secretaría Anticorrupción y Buen Gobierno. Acuerdo por el que se establecen las Disposiciones Generales para la Realización de Auditorías y Visitas de Inspección

Tiene por objeto dictar las disposiciones aplicables a las auditorías y visitas de inspección en las dependencias y entidades de la Administración Pública Federal, en la Procuraduría General de la República, así como en los fideicomisos públicos no paraestatales, mandatos y contratos análogos. Busca reducir y simplificar la regulación administrativa en esta materia, a fin de aprovechar y aplicar de manera eficiente los recursos y los procedimientos técnicos con que cuentan dichas instituciones y la Secretaría Anticorrupción y Buen Gobierno.

Acuerdo por el que se establecen las Disposiciones Generales para la Realización del Proceso de Fiscalización

Tiene por objeto fijar las bases que deberán observarse en los actos de fiscalización practicados a las dependencias y entidades de la Administración Pública Federal, a los fideicomisos públicos no paraestatales, a mandatos y contratos análogos, así como a las entidades federativas, municipios y alcaldías de la Ciudad de México.

Instrumentos jurídicos internacionales

Nuestro punto de partida es el artículo 133 de la *Constitución Política de los Estados Unidos Mexicanos,* el cual reconoce que las leyes del Congreso de la Unión y los tratados celebrados y que se celebren por el presidente de la República, con aprobación del Senado, serán la Ley Suprema de toda la Unión.

En materia de corrupción existen tratados internacionales que regulan el actuar de los Estados participantes con el objeto de generar herramientas eficientes para fortalecer mecanismos y técnicas que permitan prevenir, detectar, sancionar y erradicar la corrupción, así como fomentar la cooperación entre los países miembros.

De ahí la trascendencia de su estudio y análisis para el caso que nos ocupa, pues si el artículo constitucional mencionado reconoce que «los tratados serán la Ley Suprema», resulta imperativo valorarlos al momento de desarrollar la investigación, sustanciación e imposición de sanciones administrativas.

Breve referencia de los tratados Internacionales

1. Convención de las Naciones Unidas contra la Corrupción (ONU) también conocida como la Convención de Mérida por haberse adoptado en esa Ciudad en diciembre de 2003, y entró en vigor hasta el 14 de diciembre de 2005, al reunir las 30 ratificaciones requeridas.[141]

141 Oficina de las Naciones Unidas contra la Droga y el Delito. (s. f.). *Convención de las Naciones Unidas contra la corrupción.* https://www.unodc.org/pdf/corruption/publications_unodc_convention-s.pdf

a. Se encuentra relacionada con la Convención de las Naciones Unidas contra la Delincuencia Organizada Transnacional.
b. Su propósito es generar herramientas para reconstruir y rehabilitar a la sociedad, así como evitar el ocultamiento de recursos de procedencia ilícita, incluso recuperar activos.
c. Constriñe a los Estados Parte evaluar periódicamente los instrumentos jurídicos y las medidas administrativas pertinentes a fin de determinar si son adecuados para combatir la corrupción.
d. Requiere la creación de un órgano u órganos para prevenir la corrupción, cuya independencia deberá estar garantizada con el objeto de evitar alguna influencia indebida de otros entes públicos o funcionarios públicos.
e. Cooperación entre países en investigaciones, extradición, así como procedimientos civiles y administrativas, relacionadas con la corrupción.

2. Convención Interamericana contra la Corrupción (OEA)
México es parte de la Convención desde el 29 de marzo de 1996, ratificándola el 27 de mayo de 1997 y publicada en el DOF el 09 de septiembre de 1998.[142]

   a. Tiene como propósito promover y fortalecer el desarrollo de mecanismos para prevenir, detectar, sancionar y erradicar la corrupción.

142 Organización de los Estados Americanos. (s. f.). *Convención Interamericana contra la Corrupción*. https://www.oas.org/es/sla/ddi/docs/tratados_multilaterales_interamericanos_b-58_contra_corrupcion.pdf

b. Regula la participación entre los Estados Parte sobre la extradición, asistencia y cooperación, medidas sobre bienes, secreto bancario, creación de autoridades centrales, entre otros.

3. Convención para combatir el cohecho de Servidores Públicos Extranjeros en Transacciones Comerciales Internacionales (OCDE)[143]

   a. Estipula que cada Estado Parte deberá tomar las medidas necesarias para tipificar como delito que una persona ofrezca, prometa o conceda cualquier ventaja indebida pecuniaria o de otra índole a un servidor público extranjero, ya sea que lo haga en forma directa o mediante intermediarios, para beneficio de éste o para un tercero; para que ese servidor actúe o se abstenga de hacerlo en relación con el cumplimiento de deberes oficiales, con el propósito de obtener o de quedarse con un negocio o de cualquier otra ventaja indebida en el manejo de negocios internacionales.
   b. Ordena que cada Estado Parte deberá tomar las medidas necesarias para tipificar como delito la complicidad, incluidas la incitación, la ayuda, la instigación o la autorización de un acto de cohecho de un servidor público, incluso la tentativa y la confabulación para sobornar a un servidor público.
   c. Considera la responsabilidad en las personas morales.

---

143 InfoCDMX. (s. f.). *Convención para combatir el cohecho de servidores públicos extranjeros en transacciones comerciales internacionales.* https://infocdmx.org.mx/documentospdf/normatividad_anticorrupcion/Convenci%C3%B3n%20para%20combatir%20el%20cohecho%20de%20servidores%20p%C3%BAblicos%20extranjeros%20en%20t.pdf

d. Requiere medidas legales para mantener libros y registros contables, divulgar estados financieros y usar normas de contabilidad y auditoría para prohibir la creación de cuentas no asentadas en libros contables, llevar una doble contabilidad o transacciones identificadas de manera inadecuada, el registro de gastos inexistentes, el registro de pasivos con identificación incorrecta de su fin, así como el uso de documentos falsos por parte de las empresas sujetas a dichas leyes y reglamentos con el propósito de sobornar a servidores públicos extranjeros o de ocultar el delito.
e. Regula la participación entre los Estados Parte sobre la extradición, asistencia y cooperación, medidas sobre bienes, secreto bancario, creación de autoridades centrales, entre otros.

I. Recomendaciones para fortalecer la lucha contra el Cohecho de servidores públicos extranjeros en transacciones comerciales internaciones.
II. *Guía de Buenas Prácticas* para aplicar artículos específicos de la Convención para combatir el cohecho de servidores públicos extranjeros en transacciones comerciales internacionales.
III. Guía de Buenas prácticas sobre controles, ética y cumplimiento.
IV. Recomendación del consejo sobre medidas fiscales para combatir más a fondo el cohecho de servidores públicos extranjeros en transacciones comerciales internacionales.
V. Recomendación del consejo sobre cohecho y créditos oficiales para la exportación.

VI. Recomendación del comité de ayuda para el desarrollo sobre propuestas anticorrupción para las adquisiciones con ayuda bilateral.
VII. Guía de la OCDE para empresas multinacionales.

4. Convenio de Lucha contra la corrupción de Agentes Públicos Extranjeros en las transacciones comerciales internacionales.[144]

    a. Delito de corrupción de agentes públicos extranjeros.
    b. Responsabilidad de las personas jurídicas
    c. Sanciones
    d. Jurisdicción
    e. Investigación y persecución de corrupción.
    f. Prescripción.
    g. Blanqueo de dinero
    h. Contabilidad
    i. Asistencia Jurídica Mutua entre Estados Parte.
    j. Extradición
    k. Autoridades responsables
    l. Supervisión y Seguimiento

5. Convenio de Naciones Unidas contra la delincuencia organizada transnacional.[145]

---

144 Organización para la Cooperación y el Desarrollo Económicos. (1997). *Convenio sobre la lucha contra la corrupción de agentes públicos extranjeros en las transacciones comerciales internacionales.* https://www.derechoshumanos.net/normativa/normas/ocde/corrupcion/1997-Convenio-Corrupcion-Agentes-Publicos-Extranjeros.htm

145 Oficina de las Naciones Unidas contra la Droga y el Delito. (2004). *United Nations Convention against Transnational Organized Crime and the Protocols thereto.* https://www.unodc.org/documents/treaties/UNTOC/Publications/TOC%20Convention/TOCebook-s.pdf

Tanto para las autoridades como para los abogados postulantes, resulta trascendental conocer estos cuerpos normativos internacionales, pues las autoridades se encuentran constreñidas a respetar la garantía de fundamentación consagrada en el artículo 16 de la *Constitución Política de los Estados Unidos Mexicanos*; garantía que lleva implícita la idea de exactitud y precisión en la cita de las normas legales que las facultan para emitir el acto de molestia de que se trate, atendiendo al valor jurídicamente protegido por la exigencia constitucional: la posibilidad de otorgar certeza y seguridad jurídica al particular frente a los actos de las autoridades que afecten o lesionen su interés jurídico y, por tanto, asegurar la prerrogativa de su defensa ante un acto que no cumpla con los requisitos legales necesarios.

Estimar un criterio distinto significaría que el gobernado tiene la carga de averiguar, en el cúmulo de normas legales que señale la autoridad en el documento que contiene el acto de molestia, si esta tiene competencia por grado, materia y territorio para actuar en la forma en que lo hace. Ello lo dejaría en estado de indefensión, pues ignoraría cuál de todas las normas legales que integran el texto normativo es la específicamente aplicable.

Debido a lo anterior, es evidente que el conocimiento de los tratados internacionales permite a las partes involucradas conocer el alcance de las autoridades dentro del procedimiento de responsabilidades administrativas.

Área de oportunidad VIII

Luce muy completa la normatividad nacional e internacional para «combatir» la corrupción; sin embargo, nuestros legisladores pasaron por alto la existencia de millones de personas que se auto perciben como indígenas y que son las principales víctimas de este mal que llamamos corrupción.

Para dimensionar la gravedad de este problema, resulta necesario considerar el Comunicado de expedido por el Instituto Nacional de Estadística y Geografía (INEGI), en donde se advierte que en México existen **39.2 millones de personas que se identifican como indígenas**, es decir, el 19.1 % de la población mexicana. La mayoría de ellas no vive en ciudades o municipios, sino en comunidades indígenas, en sitios de difícil acceso.

Ahora bien, si bien es cierto que el artículo 2.º de la *Constitución Política de los Estados Unidos Mexicanos* reconoce el derecho de los pueblos indígenas a conservar sus propias instituciones sociales, económicas, culturales y políticas, también lo es que no cuentan con autonomía para ejercer recursos públicos de manera libre, conforme a sus propias necesidades.[146]

La fracción I, inciso B), del artículo 2.º de la Constitución ordena que será la Federación, las entidades federativas y los municipios los entes públicos encargados de impulsar el desarrollo regional de las zonas indígenas, con el propósito de fortalecer las economías locales y mejorar las condiciones de vida. Sin embargo, el propio precepto establece que: «… las autoridades

146 Instituto Nacional de Estadística y Geografía. (2025). A propósito del Día Internacional de los Pueblos Indígenas (9 de agosto). *INEGI.* https://www.inegi.org.mx/contenidos/saladeprensa/aproposito/2025/EAP_PuebIndig_25.pdf

municipales determinarán equitativamente las asignaciones presupuestales que las comunidades administrarán directamente para fines específicos...».

Esto implica que serán las autoridades municipales las facultadas constitucionalmente para asignar recursos públicos a las comunidades indígenas para fines previamente determinados. En consecuencia, las comunidades indígenas ni reciben directamente los recursos públicos ni pueden destinarlos a las obras, bienes o servicios que más les convengan, sino que dependen de las decisiones del presidente municipal en turno.[147]

Con esta normatividad podemos advertir una antinomia en el texto constitucional, pues el acápite del artículo 2.° indica que: «La Nación mexicana es única e indivisible». Si realmente fuera de esa manera, entonces la Federación provocaría la adhesión al Sistema Nacional de Coordinación Fiscal de las comunidades indígenas con el objeto de que obtengan, administren y ejerzan recursos públicos de manera directa, sin necesidad de la intervención de un ayuntamiento.

Sin embargo, esa exclusión constituye un reflejo de discriminación institucional.

Para confirmar lo anterior, es menester remitirnos al artículo 115 de la Constitución Política de los Estados Unidos Mexicanos, el cual reconoce a los Municipios como base de la división territorial y la organización política y administrativa de los Estados, es decir, el Estado reconoce la existencia de tres niveles de gobierno, a saber, el Gobierno Federal, Estatal y Municipal, sin embargo, en la norma Constitucional no se toma en consideración a las comunidades indígenas, reiterando el racismo institucional y menosprecio. Yánsaya Elena A. Gil sugiere que las

147 Recondo, D., Martínez, J. C., & Martínez, V. L. J. (2024). *Contraloría social y participaciones ciudadanas en regiones indígenas* (p. 45). México: Editorial Porrúa.

Comunidades Indígenas deben ser reconocidas Constitucional y legalmente como un cuarto nivel de gobierno.[148]

Esta reflexión me hace pensar que ese reconocimiento como cuarto nivel de gobierno se acerca más a nuestra realidad estructural como nación y, por otro lado, constituye una deuda histórica que el Estado mexicano tiene con todas las comunidades indígenas al excluirlas del reparto de recursos públicos, impidiéndoles colaborar en la construcción de un México más equitativo y justo.

Nuestra realidad es que las comunidades indígenas se encuentran totalmente excluidas del **Sistema Nacional de Coordinación Fiscal**, del **Sistema Nacional Anticorrupción** y de los niveles de gobierno, sin que puedan disponer de recursos públicos para destinarlos a los rubros que estimen necesarios. Esto sucede a pesar de que las fracciones I y II del apartado A del artículo 2.º constitucional reconocen el derecho de las comunidades indígenas a la libre determinación y autonomía para decidir sobre sus formas de convivencia y organización social, económica, política y cultural, así como para aplicar sus propios sistemas normativos en la regulación y solución de sus conflictos internos (sujetándose a los principios generales de la Constitución y respetando las garantías individuales y los derechos humanos).

Como puedes advertir, en la especie se transgrede el artículo 4 de la **Declaración de las Naciones Unidas sobre los Derechos de los Pueblos Indígenas**, el cual determina el derecho de las comunidades indígenas a disponer de los medios para financiar sus funciones autónomas.

---

148 Martínez, J. C., & Martínez, V. L. J. (2024). *Contraloría social y participaciones ciudadanas en regiones indígenas* (p. 147). México: Editorial Porrúa.

Sistema Nacional Anticorrupción

Resulta necesario incluir a las comunidades indígenas en el Sistema Nacional Anticorrupción, bajo el contexto de la «pertinencia cultural», es decir, incorporar la *Ley General de Responsabilidades Administrativas* al derecho indígena, sin violentar su identidad cultural, mediante un proceso de diálogo e intercambio de ideas, bajo el principio de igualdad, respeto y ausencia de jerarquías.

Al realizar esta inclusión, se cumpliría con el artículo 4º de la Constitución Política de los Estados Unidos Mexicanos y los tratados internacionales, pues Estado no puede excluir a las comunidades indígenas bajo ningún contexto. Las comunidades indígenas forman parte integral de nuestra nación y de ninguna forma deben estar excluidas ni en incertidumbre jurídica si llegara a presentarse algún acto de corrupción.

La omisión de integrar a las comunidades indígenas en dichos sistemas (de Coordinación Fiscal y Anticorrupción) transgrede los numerales 4 y 5 de la *Declaración de las Naciones Unidas sobre los Derechos de los Pueblos Indígenas*, que reconocen el derecho de los pueblos indígenas a la libre determinación de sus asuntos internos y a conservar sus instituciones jurídicas.

Conclusiones

Ya tienes en tus manos la verdad sobre el Sistema Nacional Anticorrupción en México, y será tu propio razonamiento el que determine si existe o no desidia en la sociedad para combatir la corrupción, y si los gobiernos han hecho todo lo posible por prevenirla, detectarla y erradicarla.

Aquellos empresarios que permiten que los administradores los sustituyan en la toma de decisiones sobre su propio negocio, eventualmente se empobrecen, pues únicamente el dueño de la empresa está capacitado para ejercer ese poder de mando. Idéntica situación ocurre con nuestro país: nosotros, «el pueblo», tenemos en nuestras manos la facultad y el derecho de administrar las instituciones y los poderes de la Unión, porque la soberanía es nuestra y solo la concedemos para su «mejor administración», en términos del artículo 39 de la *Constitución Política de los Estados Unidos Mexicanos.* No serán los diputados, los senadores, los ministros o el Ejecutivo quienes resuelvan el problema, porque el problema son «todos ellos».

Es momento de imponer un contrapeso a los tres poderes, pues ya vimos que resultan totalmente incapaces de autorregularse para prevenir, detectar y erradicar la corrupción. ¿Por qué no pensar en la creación de un **órgano constitucional autónomo** que regule y limite las gestiones relacionadas con la obtención, administración y aplicación de recursos públicos? Es decir, vamos a tomar otra vía, para tener otro resultado, y constituyamos un ente público que investigue a los tres poderes: un verdadero contrapeso que no se encuentre al alcance del poder político, económico o coercitivo; un poder con autonomía constitucional, con patrimonio propio y con un líder elegido bajo un sistema de selección intelectual. Un servidor público inteligente, íntegro y honesto que tenga el ánimo de atacar la corrupción en todos los niveles de gobierno.

Asimismo, es urgente la creación de una **Procuraduría del Servidor Público** que oriente, capacite y acompañe a los servidores públicos durante su empleo, cargo o comisión.

¿No te resulta indignante tener un Poder Legislativo sometido al Poder Ejecutivo, cuyos integrantes pueden ejercer sumas millonarias sin comprobación alguna, sin auditorías externas, o internas? Una autoridad que no publica detalles de contratación de asesorías, consultas o estudios de investigación pagados a empresas. Un Poder Judicial que permite el nepotismo y la corrupción; que si bien requiere de una reforma, la realizada por el partido en el poder (MORENA) será su destrucción total, pues la votación de jueces y magistrados mediante el voto popular destruye la carrera judicial, y no favorece a los más preparados ni a los más inteligentes, sino a los elegidos por el poder público que beneficia los intereses del Estado. Es decir, los conocimientos técnicos de jueces y magistrados para resolver una controversia quedarán en segundo o tercer plano, lo cual contradice el principio de progresividad que tantos años tomó alcanzar, y nos privará del derecho a contar con órganos jurisdiccionales especializados para razonar a fondo los asuntos de trascendencia.

Es una vergüenza tener un Poder Ejecutivo que promueve la oclocracia y que además está dispuesto a destruir instituciones para concentrar más poder. Y no lo menciono solo por quien ocupa el cargo actualmente, sino por todos los que lo han ocupado y no han estado a la altura de las circunstancias. El lector decidirá cuáles sí y cuáles no.

Nuestros antepasados tuvieron el valor de dejar sus diferencias a un lado con el objeto de celebrar un contrato social para ayudarse mutuamente. Esa es la verdadera esencia del ser humano que evolucionó en lo que hoy somos. Por ende, si en alguna ocasión tuvimos la sensatez de renunciar a nuestra libertad natural para someternos a derechos y obligaciones a cambio de vivir en armonía, creo que es momento de hacer un alto en el camino y realizar un cambio sustancial en nuestro comportamiento y nuestras instituciones, con el objeto de eliminar la corrupción y entregar a nuestros hijos un lugar mejor que el que encontramos.

Para concluir este libro, no puedo dejar de pensar en la derrota que sufrió Japón a manos de los Estados Unidos de América en la Segunda Guerra Mundial, cuyos resultados provocaron que el país nipón perdiera el 42 % de su riqueza nacional y el 44 % de su capacidad industrial. Incluso perdió sus territorios de ultramar, mientras que su población sobrepasaba los 80 millones de habitantes en un país que dependía de la importación para alimentar a su pueblo; es decir, un país totalmente hambriento, destruido y ocupado por fuerzas militares extranjeras.[149]

Con el objeto de salir adelante de ese desastre nacional, Japón impulsó la inversión privada dentro del esquema de libre mercado, privilegiando la industria tanto de bienes de capital como de consumo para su exportación. Estimuló la tecnología y la investigación a través de la metodología *Shinkansen*, herramienta de Fujitsu que ayuda a las empresas a mejorar continuamente, reinventarse constantemente y adaptarse a un entorno cambiante, protegiendo sus recursos mediante el ahorro.

Así fue como Japón superó a cada país de Europa occidental en cuanto al aumento de su producto nacional bruto, tanto así que le permitió en 1964 organizar los Juegos Olímpicos. Incluso, sorprendentemente, en 1970 logró restablecer su posición en el

---

149 Wikipedia. (2025, septiembre 9). *Milagro económico japonés.* https://es.wikipedia.org/wiki/Milagro_econ%C3%B3mico_japon%C3%A9s#:~:text=Se%20ha%20llamado%20milagro%20econ%C3%B3mico,japonesa%20sobrevivieron%20a%20la%20guerra.

comercio internacional como el tercer país con mayor exportación en el mundo. Hoy Japón es una potencia mundial que combina tecnología e historia: un país que se levantó de las cenizas para liderar el mundo tecnológico y económico.

A diferencia de Japón, México es un país que se encuentra peligrosamente dividido y no ha encontrado la fórmula para eliminar la corrupción. Tanto es así que a diario nos descalificamos los de derecha y los de izquierda como «nosotros» y «ustedes». Sin embargo, no debemos ser tan ingenuos: eso es precisamente lo que conviene a los políticos para seguir haciendo de las suyas, que estemos divididos. No debemos olvidar que compartimos una misma nación, un mismo origen, una cultura y un territorio. Pero lo más importante es que compartimos el deseo de que a México le vaya bien. Por ende, no importa si eres de un bando o del otro; la idea que te propongo es que pienses en que somos «nosotros» contra un gobierno al que sí puedes llamar «ustedes». Sí, ustedes: los que deberían estar sometidos al escrutinio público, a la comprobación sobre la obtención, manejo, resguardo y aplicación de recursos públicos.

Estoy seguro de que no es necesaria una «bomba» como la que cayó en Hiroshima y Nagasaki para que México o Latinoamérica despierte y provoque la cohesión social para enfrentar este mal. Solamente es necesario tomar conciencia del país en que vivimos y de la necesidad de cambiar el rumbo lo antes posible.

No pretendo llamar a la violencia; sin embargo, quiero resaltar que los seres humanos también tenemos la capacidad de realizar revoluciones violentas en contra de las autoridades. En el pasado se suscitaron cuando las personas se cansaron de los excesos del Estado, de su inactividad e ineptitud para resolver problemas cotidianos, incluso de su incapacidad para ejercer su papel de autoridad. Por ello es necesario tener siempre presente la historia y corroborar que, cuando estamos cansados de la impunidad, hemos unido fuerzas para levantarnos en armas en su contra. Incluso hemos llegado al extremo de «formalizar» nuestro odio contra el gobierno y sus funcionarios, al grado de crear leyes para matarlos. Me refiero a la «Ley de sospechosos», votada en Francia el 17 de septiembre de 1793, permitiendo la detención de todos los enemigos de la Revolución (nobles, funcionarios y, en general, todos los sospechosos de traicionar a la nueva república), donde se utilizaba la «navaja nacional» (guillotina) para decapitar a los nobles, contrarrevolucionarios y a quienes se tenía la simple sospecha de no apoyar el derrocamiento de Luis XVI.

Para ser congruentes con el contrato social y con la corriente absolutista señalada por Hobbes en *El Leviatán*, la única autoridad que tiene la posibilidad de ejercer la violencia es el propio Estado. Y para alcanzar el objetivo que se propone en el presente libro —prevenir, detectar y erradicar la corrupción— será necesario acudir a una revolución, pero más cercana a la propuesta por Mahatma Gandhi, quien recurría a la no violencia para lograr un cambio político y social. Él mencionaba que la revolución violenta es el acto más autoritario que existe, pues se impone a través de rifles, bayonetas y cañones; sin embargo, una revolución sin violencia tiene más efectividad, porque permea en la conciencia de las personas y genera un cambio profundo en las instituciones. Por ende, es indispensable que este cambio que te propongo se realice sin la más mínima actividad violenta.

Aquí no se puede llamar a una movilización de violencia y terror con el objeto de conseguir un cambio de conciencia en la población. La única forma de alcanzar un cambio político real y sostenible será si los medios se adecuan a los fines.

La decisión está en tus manos.

El cobarde muere mil muertes antes de su hora.
El valiente solo prueba una vez su sabor.
William Shakespeare

Resumen de cómo prevenir, detectar y erradicar la corrupción

- Es imperativa la participación de las instituciones gubernamentales, religiosas, escolares, así como de los medios de comunicación y las familias, para que desde la edad temprana se fomenten los valores sociales, éticos y morales. Más importante aún es que los adultos los materialicen con acciones diarias. Es decir, necesitamos desarrollar en las futuras generaciones un ambiente que les permita practicarlos hasta convertirlos en hábitos y que ellos posteriormente los transmitan de manera natural a sus hijos. Recordemos que la inteligencia humana no se realiza en aislamiento, sino en sociedad, y que el proceso de aprendizaje de la mente es elástico e incremental. De ahí que, si desde una edad temprana fomentamos los valores de referencia, es más probable que en un futuro (una generación aún no nacida) existan personas capaces de negarse a realizar actos de corrupción.
- Se deberán aumentar los salarios de los servidores públicos y otorgarles prestaciones importantes, con el objeto de que no puedan ser persuadidos para realizar actos contrarios a derecho. En caso de existir un incremento en el Producto Interno Bruto (PIB), se deberá aumentar el salario de los mismos y, en consecuencia, si disminuye el PIB, deberá reducirse su salario.
- El gobierno deberá fomentar la utilización de inteligencia artificial (IA) en las gestiones realizadas por los contribuyentes, evitando en lo posible la interacción del público en general con los servidores públicos.
- Debemos fortalecer el sistema de carrera administrativa y generar vínculos con universidades públicas y privadas, con el objeto de atraer a los mejores estudiantes para que

participen en la administración pública. Resultaría eficaz aplicar el método utilizado en Japón denominado *senpai-kōhai*, el cual consiste en que un mentor (*senpai*), en este caso un servidor público con experiencia guíe a un recién graduado (*kōhai*) durante su primer año de servicio, transmitiéndole el conocimiento del cargo que ocupará.

- Implementar un «sistema de selección intelectual y profesional para el ejercicio de la función pública», es decir, que solo los mejores preparados profesional y académicamente, y con una trayectoria honorable, tengan derecho a participar en la administración de justicia, así como a votar y ser votados para tomar decisiones sobre el futuro del país.
- Bajo este mismo esquema debe aplicarse el principio de idoneidad, con el objeto de que cada aspirante a ocupar un cargo público sea el indicado para desempeñarlo, y no un improvisado o «el compadre» del titular del ente público.
- Declarar la imprescriptibilidad de las responsabilidades administrativas de los servidores públicos.
- La auditoría de los entes públicos debe ser administrada por el partido político en oposición al que se encuentre en el poder, pues nadie mejor que los contrarios para fiscalizar la conducta de los servidores públicos. Se activaría así el motor de fiscalización si un ideal político está intrínsecamente contenido en la autoridad revisora.
- La Auditoría Superior de la Federación deberá erigirse como un organismo constitucional autónomo, sin dependencia de ningún poder de la Unión.
- Utilizar *blockchain* y *smart contracts* para la elaboración de contratos públicos.
- Realizar auditorías a los servidores públicos antes de ocupar el empleo, cargo o comisión, y también al dejarlo.

- Dotar a la Auditoría Superior de la Federación de facultades para utilizar IA (reconocimiento facial) en eventos deportivos, musicales y sociales, con el fin de identificar servidores públicos corruptos. Asimismo, se le debe facultar para investigar activos virtuales o bienes intangibles.
- Fomentar la denuncia ciudadana y establecer como principal vía de presentación la electrónica, en lugar de la escrita.
- Dotar de recursos públicos suficientes a la Auditoría Superior de la Federación, como organismo constitucional autónomo, para combatir la corrupción.
- Utilizar la astucia de la población para obtener datos que posteriormente sirvan como prueba y sean transmitidos a la autoridad en investigaciones contra servidores públicos corruptos. A cambio, se otorgaría una retribución económica al «denunciante» que proporcione información suficiente para obtener una resolución condenatoria contra el infractor.
- Otorgar a la Unidad de Inteligencia Financiera la facultad reglada de realizar auditorías para verificar si los recursos de los servidores públicos y aspirantes tienen origen lícito y que no estén relacionados con el crimen organizado.
- Otorgar a las autoridades fiscales federales la facultad reglada de auditar a servidores públicos y aspirantes a ocupar cargos públicos, para verificar si contribuyen al gasto público.
- Crear la Procuraduría Federal del Servidor Público.
- Eliminar la «presunción de inocencia» y la «prescripción de las facultades punitivas de la autoridad».
- Sobre este particular, es preciso reiterar que los servidores públicos realizan los actos de corrupción de manera voluntaria y, por otro lado, actúan en función del cargo que ocupan, lo cual no los deslinda de ser «parte

del Estado». Esto implica que dichos actos se consideren delitos cometidos por el propio Estado, lo que genera complicidad para no investigar ni sancionar a los responsables, creando la impunidad que se pretende combatir.

- Erradicar el fuero político y, en consecuencia, la declaración de procedencia.
- Establecer que las autoridades fiscales federales del país, ya sea de manera directa o a través de sus homólogas en los estados, conozcan de los juicios tramitados por servidores públicos y sus dependientes económicos en materia civil o mercantil, con el objeto de advertir si estas acciones incrementan de manera directa o indirecta su patrimonio.
- Crear convenios de colaboración administrativa en materia anticorrupción entre la federación y cada una de las entidades federativas.
- Fomentar la cohesión social.
- Reducir costos en el pago de sueldos y salarios de servidores públicos que pueden ser sustituidos por IA.

Gracias totales

Referencias

Castro Cuenca, C. G. (2017). *La corrupción pública y privada: Causas, efectos y mecanismos para combatirla* (p. 28). Bogotá: Editorial Universidad del Rosario, Facultad de Jurisprudencia.

Castro Cuenca, C. G. (2017). *La corrupción pública y privada: Causas, efectos y mecanismos para combatirla* (p. 31). Bogotá: Editorial Universidad del Rosario, Facultad de Jurisprudencia.

Código Fiscal de la Federación. (1981, diciembre 31). Art. 30. México.

Código Nacional de Procedimientos Penales. (2014, marzo). Art. 42. México.

Código Penal Federal. (1931, agosto). Art. 212. México.

Código Penal Federal. (1931, agosto). Art. 214. México.

Código Penal Federal. (1931, agosto). Art. 215. México.

Código Penal Federal. (1931, agosto). Art. 216. México.

Código Penal Federal. (1931, agosto). Art. 217 Bis. México.

Código Penal Federal. (1931, agosto). Art. 217 Ter. México.

Código Penal Federal. (1931, agosto). Art. 217. México.

Código Penal Federal. (1931, agosto). Art. 218. México.

Código Penal Federal. (1931, agosto). Art. 219. México.

Código Penal Federal. (1931, agosto). Art. 220. México.

Código Penal Federal. (1931, agosto). Art. 221. México.

Código Penal Federal. (1931, agosto). Art. 222 Bis. México.

Código Penal Federal. (1931, agosto). Art. 222. México.

Código Penal Federal. (1931, agosto). Art. 223. México.

Código Penal Federal. (1931, agosto). Art. 224. México.

Código Penal Federal. (1931, agosto). Art. 225. México.

Consejo de la Judicatura Federal. (s. f.). *Acuerdo general del Pleno del Consejo de la Judicatura Federal.* Arts. 108, 179 y 181.

Constitución Política de los Estados Unidos Mexicanos. (1917). Art. 108. México.

Constitución Política de los Estados Unidos Mexicanos. (1917). Art. 109. México.

Constitución Política de los Estados Unidos Mexicanos. (1917). Art. 73, 74 y 79. México.

Constitución Política de los Estados Unidos Mexicanos. (1917). Arts. 109 y 110. México.

Constitución Política de los Estados Unidos Mexicanos. (1917). Art. 109, fracción VIII. México.

Constitución Política de los Estados Unidos Mexicanos. (1917). Art. 111. México.

Constitución Política de los Estados Unidos Mexicanos. (1917). Arts. 79, fracciones III y IV. México.

Constitución Política de los Estados Unidos Mexicanos. (1917). Art. 6. México.

Constitución Política de los Estados Unidos Mexicanos. (1917). Art. 12. México.

Constitución Política de los Estados Unidos Mexicanos. (1917). Art. 49. México.

Constitución Política de los Estados Unidos Mexicanos. (1917). Art. 110. México.

Constitución Política de los Estados Unidos Mexicanos. (1917). Art. 114. México.

Constitución Política de los Estados Unidos Mexicanos. (1917). Art. 111. México.

Constitución Política de los Estados Unidos Mexicanos. (1917). Art. 108. México.

Constitución Política de los Estados Unidos Mexicanos. (1917). Arts. 22-122. México.

Constitución Política de los Estados Unidos Mexicanos. (1917). Art. 73. México.

Constitución Política de los Estados Unidos Mexicanos. (1917). Arts. 94 y 109. México.

Constitución Política de los Estados Unidos Mexicanos. (1917, febrero). Art. 79. México.

Corrupt Practices Investigation Bureau. (s. f.). *Roles and functions.* https://www.cpib.gov.sg/who-we-are/our-work/roles-functions

Diario Oficial de la Federación. (2019, marzo 8). https://www.dof.gob.mx/nota_detalle.php?codigo=5552303&fecha=08/03/2019#gsc.tab=0

Diario Oficial de la Federación. (2023, julio 11). https://www.dof.gob.mx/nota_detalle.php?codigo=5695305&fecha=11/07/2023#gsc.tab=0

Diario Oficial de la Federación. (2023, junio 5). https://www.dof.gob.mx/nota_detalle.php?codigo=5691054&fecha=05/06/2023#gsc.tab=0

El Tiempo. (s. f.). *¿Cómo se acabó la corrupción en Singapur?* https://www.eltiempo.com/colombia/otras-ciudades/como-se-acabo-la-corrupcion-en-singapur-386920

Gobierno de México. (s. f.). *Sistema Nacional de Fiscalización.* https://www.gob.mx/sfp/documentos/sistema-nacional-de-fiscalizacion#:~:text=El%20Sistema%20Nacional%20de%20Fiscalizaci%C3%B3n,fiscalizaci%C3%B3n%20en%20todo%20el%20pa%C3%ADs.

Gutiérrez Mendoza, O. (2017). *El juicio político y la declaración de procedencia en el derecho mexicano* (p. 121). Editorial Porrúa.

Gutiérrez Mendoza, O. (2017). *El juicio político y la declaración de procedencia en el derecho mexicano* (p. 76). Editorial Porrúa.

Harari, Y. N. (s.f.). *Homo Deus* (p. 233). Editorial Debate.

InfoCDMX. (s. f.). *Convención para combatir el cohecho de servidores públicos extranjeros en transacciones comerciales internacionales.* https://infocdmx.org.mx/documentospdf/normatividad_anticorrupcion/Convenci%C3%B3n%20para%20combatir%20el%20cohecho%20de%20servidores%20p%C3%BAblicos%20extranjeros%20en%20t.pdf

Instituto Nacional de Estadística y Geografía. (2025). *A propósito del Día Internacional de los Pueblos Indígenas (9 de agosto).* INEGI. https://www.inegi.org.mx/contenidos/saladeprensa/aproposito/2025/EAP_PueblIndig_25.pdf

La Nación. (2021, julio 24). *El líder que terminó con la corrupción en su país y lo llevó a ser el más competitivo del mundo.* https://www.lanacion.com.ar/el-mundo/el-lider-que-termino-con-la-corrupcion-en-su-pais-y-lo-llevo-a-ser-el-mas-competitivo-del-mundo-nid24072021/

Ley de Fiscalización y Rendición de Cuentas de la Federación. (2016, julio). Art. 4. México.

Ley de Fiscalización y Rendición de Cuentas de la Federación. (2016, julio). Art. 17. México.

Ley de Fiscalización y Rendición de Cuentas de la Federación. (2016, junio). Art. 2. México.

Ley de Fiscalización y Rendición de Cuentas de la Federación. (2016, junio). Art. 14. México.

Ley de Fiscalización y Rendición de Cuentas de la Federación. (2016, julio). Art. 17 Bis. México.

Ley de Fiscalización y Rendición de Cuentas de la Federación. (2016, julio). Art. 17 Ter. México.

Ley de Fiscalización y Rendición de Cuentas de la Federación. (2016, julio). Art. 18 y 19. México.

Ley de Fiscalización y Rendición de Cuentas de la Federación. (2016, julio). Art. 20. México.

Ley de Fiscalización y Rendición de Cuentas de la Federación. (2016, julio). Art. 22 y 23. México.

Ley de Fiscalización y Rendición de Cuentas de la Federación. (2016, julio). Art. 24. México.

Ley de Fiscalización y Rendición de Cuentas de la Federación. (2016, julio). Art. 33. México.

Ley de Fiscalización y Rendición de Cuentas de la Federación. (2016, julio). Art. 35 y 36. México.

Ley de Fiscalización y Rendición de Cuentas de la Federación. (2016, julio). Art. 39. México.

Ley de Fiscalización y Rendición de Cuentas de la Federación. (2016, julio). Art. 42 y 43. México.

Ley de Fiscalización y Rendición de Cuentas de la Federación. (2016, julio). Art. 44, 45 y 46. México.

Ley de Fiscalización y Rendición de Cuentas de la Federación. (2016, junio). Art. 47. México.

Ley de Fiscalización y Rendición de Cuentas de la Federación. (2016, junio). Art. 51. México.

Ley de Fiscalización y Rendición de Cuentas de la Federación. (2016, junio). Art. 52-57. México.
Ley de Fiscalización y Rendición de Cuentas de la Federación. (2016, junio). Art. 58. México.
Ley de Fiscalización y Rendición de Cuentas de la Federación. (2016, julio). Art. 17. México.
Ley de Fiscalización y Rendición de Cuentas de la Federación. (2016, julio). Art. 59. México.
Ley General de Acceso de las Mujeres a una Vida Libre de Violencia. (2007, febrero). Art. 20 Ter. México.
Ley General de Bienes Nacionales. (2004, mayo). Art. 4. México.
Ley General de Responsabilidades Administrativas. (2016, julio). Art. 3. México.
Ley General de Responsabilidades Administrativas. (2016, julio). Art. 73. México.
Ley General de Responsabilidades Administrativas. (2016, julio). Art. 91. México.
Ley General de Responsabilidades Administrativas. (2016, julio). Art. 3. México.
Ley General de Responsabilidades Administrativas. (2016, julio). Art. 94. México.
Ley General de Responsabilidades Administrativas. (2016, julio). Arts. 95 y 96. México.
Ley General de Responsabilidades Administrativas. (2016, julio). Art. 100. México.
Ley General de Responsabilidades Administrativas. (2016, julio). Art. 101. México.
Ley General de Responsabilidades Administrativas. (2016, julio). Art. 10. México.
Ley General de Responsabilidades Administrativas. (2016, julio). Arts. 91 y 92. México.
Ley General de Responsabilidades Administrativas. (2016, julio). Art. 49. México.

Ley General de Responsabilidades Administrativas. (2016, julio). Art. 75. México.

Ley General de Responsabilidades Administrativas. (2016, julio). Arts. 52-63. México.

Ley General de Responsabilidades Administrativas. (2016, julio). Art. 73. México.

Ley General de Responsabilidades Administrativas. (2016, julio). Art. 3. México.

Ley General de Responsabilidades Administrativas. (2016, julio). Art. 74. México.

Ley General de Responsabilidades Administrativas. (2016, julio). Art. 113. México.

Ley General de Responsabilidades Administrativas. (2016, julio). Art. 74. México.

Ley General de Responsabilidades Administrativas. (2016, julio). Art. 115. México.

Ley General de Responsabilidades Administrativas. (2016, julio). Arts. 112 y 208. México.

Ley General de Responsabilidades Administrativas. (2016, julio). Art. 208. México.

Ley General de Responsabilidades Administrativas. (2016, julio). Art. 202. México.

Ley General de Responsabilidades Administrativas. (2016, julio). Arts. 133 y 209. México.

Ley General de Responsabilidades Administrativas. (2016, julio). Art. 202. México.

Ley General de Responsabilidades Administrativas. (2016, julio). Art. 117. México.

Ley General de Responsabilidades Administrativas. (2016, julio). Art. 119. México.

Ley General de Responsabilidades Administrativas. (2016, julio). Art. 118. México.

Ley General de Responsabilidades Administrativas. (2016, julio). Art. 120. México.

Ley General de Responsabilidades Administrativas. (2016, julio). Art. 123. México.

Ley General de Responsabilidades Administrativas. (2016, julio). Art. 124. México.

Ley General de Responsabilidades Administrativas. (2016, julio). Arts. 130-143. México.

Ley General de Responsabilidades Administrativas. (2016, julio). Arts. 144-181. México.

Ley General de Responsabilidades Administrativas. (2016, julio). Arts. 134, 167, 171 y 176. México.

Ley General de Responsabilidades Administrativas. (2016, julio). Arts. 134, 177-181. México.

Ley General de Responsabilidades Administrativas. (2016, julio). Art. 148. México.

Ley General de Responsabilidades Administrativas. (2016, julio). Art. 193. México.

Ley General de Responsabilidades Administrativas. (2016, julio). Art. 91. México.

Ley General de Responsabilidades Administrativas. (2016, julio). Arts. 101, 102 y 104. México.

Ley General de Responsabilidades Administrativas. (2016, julio). Art. 210. México.

Ley General de Responsabilidades Administrativas. (2016, julio). Art. 212. México.

Ley General de Responsabilidades Administrativas. (2016, julio). Arts. 213 y 214. México.

Ley General de Responsabilidades Administrativas. (2016, julio). Arts. 215-219. México.

Ley General de Responsabilidades Administrativas. (2016, julio). Arts. 220 y 221. México.

Ley General de Responsabilidades Administrativas. (2016, julio). Art. 74. México.

Ley General de Responsabilidades Administrativas. (2016, julio). Art. 33. México.

Ley General de Responsabilidades Administrativas. (2016, julio). Art. 34. México.

Ley General de Responsabilidades Administrativas. (2016, julio). Art. 37. México.

Ley General de Responsabilidades Administrativas. (2016, julio). Art. 38. México.

Ley General de Responsabilidades Administrativas. (2016, julio). Art. 39. México.

Ley General de Responsabilidades Administrativas. (2016, julio). Art. 40. México.

Ley General de Responsabilidades Administrativas. (2016, julio). Art. 60. México.

Ley General de Responsabilidades Administrativas. (2016, julio). Arts. 49 y 50. México.

Ley General de Responsabilidades Administrativas. (2016, julio). Arts. 52-63 bis. México.

Ley General de Transparencia y Acceso a la Información Pública. (2021). Art. 113. México.

Ley para Regular las Instituciones de Tecnología Financiera. (2018, marzo). Art. 30. México.

Lupián Morfín, G. E. (2023). *Smart contractos y blockchain* (p. 26). Editorial Tirant.

Lupián Morfín, G. E. (2023). *Smart contractos y blockchain* (pp. 24, 52). Editorial Tirant.

Martínez Garnelo, J. (2008). *Antología de las responsabilidades administrativas* (p. 328). México: Editorial Flores Editor.

Martínez Garnelo, J. (2008). *Antología de las responsabilidades administrativas* (p. 331). México: Editorial Flores Editor.

Martínez Garnelo, J. (2008). *Antología de las responsabilidades administrativas* (p. 328). México: Editorial Flores Editor.

Martínez, J. C., & Martínez, V. L. J. (2024). *Contraloría social y participaciones ciudadanas en regiones indígenas* (p. 147). México: Editorial Porrúa.

Nexos. (s. f.). *¿Por qué debe importarnos quién es víctima de delitos de corrupción?* https://anticorrupcion.nexos.com.mx/por-que-debe-importarnos-quien-es-victima-de-delitos-de-corrupcion/

Oficina de las Naciones Unidas contra la Droga y el Delito. (2004). *United Nations Convention against Transnational Organized Crime and the Protocols thereto.* https://www.unodc.org/documents/treaties/UNTOC/Publications/TOC%20Convention/TOCebook-s.pdf

Oficina de las Naciones Unidas contra la Droga y el Delito. (s. f.). Convención de las Naciones Unidas contra la corrupción. https://www.unodc.org/pdf/corruption/publications_unodc_convention-s.pdf

Oficina de las Naciones Unidas contra la Droga y el Delito. (s. f.). *Convención de las Naciones Unidas contra la corrupción.* https://www.unodc.org/pdf/corruption/publications_unodc_convention-s.pdf

Oficina de las Naciones Unidas contra la Droga y el Delito. (s. f.). *Convención de las Naciones Unidas contra la corrupción.* https://www.unodc.org/pdf/corruption/publications_unodc_convention-s.pdf

Oficina de las Naciones Unidas contra la Droga y el Delito. (s. f.). *Convención de las Naciones Unidas contra la corrupción.* https://www.unodc.org/pdf/corruption/publications_unodc_convention-s.pdf

Oficina del Alto Comisionado de las Naciones Unidas para los Derechos Humanos. (s. f.). *Convención sobre la no aplicabilidad de las limitaciones estatutarias a los crímenes de guerra y crímenes de lesa humanidad.* https://www.ohchr.org/es/instruments-mechanisms/instruments/convention-non-applicability-statutory-limitations-war-crimes

Organización de los Estados Americanos. (s. f.). *Convención Interamericana contra la Corrupción.* https://www.oas.org/es/sla/ddi/docs/tratados_multilaterales_interamericanos_b-58_contra_corrupcion.pdf

Organización para la Cooperación y el Desarrollo Económicos. (1997). *Convenio sobre la lucha contra la corrupción de agentes públicos extranjeros en las transacciones comerciales internacionales.* https://www.derechoshumanos.net/normativa/normas/ocde/corrupcion/1997-Convenio-Corrupcion-Agentes-Publicos-Extranjeros.htm

Organización para la Cooperación y el Desarrollo Económicos. (s. f.). *Guía de la OCDE de debida diligencia para una conducta empresarial responsable.* https://mneguidelines.oecd.org/Guia-de-la-OCDE-de-debida-diligencia-para-una-conducta-empresarial-responsable.pdf

Pahuamba Rosas, B. (2021). *El derecho humano a la rendición de cuentas objetiva y uso debido de los recursos públicos* (pp. 90-91). Editorial Espress.

Pahuamba Rosas, B. (2021). *El derecho humano a la rendición de cuentas objetiva y uso debido de los recursos públicos* (p. 91). Editorial Espress.

Recondo, D., Martínez, J. C., & Martínez, V. L. J. (2024). *Contraloría social y participaciones ciudadanas en regiones indígenas* (p. 45). México: Editorial Porrúa.

SinEmbargo. (s. f.). *Reporte especial: La explosión del edificio B de Pemex borró evidencia contra Romero Deschamps, acusa la disidencia.* https://www.sinembargo.mx/563004/reporte-especial-la-explosion-del-edificio-b-de-pemex-borro-evidencia-contra-romero-deschamps-acusa-la-disidencia/

Suprema Corte de Justicia de la Nación. (s. f.). *Tesis: 2020036.* https://sjf2.scjn.gob.mx/detalle/tesis/2020036

Villarreal, P. (2024). *Inteligencia artificial* (pp. 100-103). Editorial Ariel.

Villarreal, P. (2024). *Inteligencia artificial* (pp. 55-56). Editorial Ariel.

Wikipedia. (2025, septiembre 8). *Enron.* En Wikipedia. https://es.wikipedia.org/wiki/Enron

Wikipedia. (2025, septiembre 9). *Milagro económico japonés.* https://es.wikipedia.org/wiki/Milagro_econ%C3%B3mico_japon%C3%A9s#:~:text=Se%20ha%20llamado%20milagro%20econ%C3%B3mico,japonesa%20sobrevivieron%20a%20la%20guerra.

CADUCEUS

www.ingramcontent.com/pod-product-compliance
Lightning Source LLC
LaVergne TN
LVHW040421051026
849517LV00002B/410
* 9 7 8 9 5 6 4 2 4 0 7 4 9 *